AYÚDATE CON LA MAGIA BLANCA DE ESPERANZA GRACIA

ESPERANZA GRACIA

AYÚDATE CON LA MAGIA BLANCA DE ESPERANZA GRACIA

edaf

MADRID - MÉXICO - BUENOS AIRES - SANTIAGO
2022

Diseño de cubierta: Silvia Muñoz Calle

EDAF, S. L. U.
Jorge Juan, 68. 28009 Madrid
http://www.edaf.net
edaf@edaf.net

Ediciones Algaba, S. A. de C. V. Calle 21, Poniente 3323 -
Colonia Belisario Domínguez Puebla 72180, México
Teléfono: 52 22 22 11 13 87
jaime.breton@edaf.com.mx

Edaf del Plata, S. A.
Chile, 2222
1227 Buenos Aires (Argentina)
edaf4@speedy.com.ar

Edaf Chile, S. A.
Avda. Charles Aranguiz Sandoval, 0367, Ex. Circunvalación
Puente Alto, Santiago, Chile
edafchile@edaf.net

8.ª reimpresión, abril 2022

ISBN: 978-84-414-3106-5
Depósito legal: M. 3.891-2012

PRINTED IN SPAIN IMPRESO EN ESPAÑA

Impreso por Service Point

A Menchu,
con mi más profunda gratitud.

Agradecimientos

Muchas personas han contribuido a que este libro salga a la luz, pero quiero mostrar un especial agradecimiento a Leni Guijarro, por los años que ha permanecido a mi lado; a Teresa y Terelu Campos, por haber confiado en mí durante todos estos años, y a todas las personas anónimas que me han animado a escribir este libro.

Índice

Prólogo

Hay personas ricas y poderosas, capaces de movilizar a millones de personas y de hacer grandes obras, que, sin embargo, no pueden comprar un poco de calor humano. A veces es más fácil apretar un botón y hacer saltar una parte del mundo en pedazos que llegar al interior de las personas.

Es relativamente fácil utilizar el poder para destruir a una persona, despojarla de todos sus bienes y dejarla desnuda. Sin embargo, de nada sirve todo este poder material para llegar más allá de su piel, conquistar su corazón y penetrar en su pensamiento. Para conseguir esto hay que estar en sintonía con sus sensibilidades.

El mundo parece que camina en una dirección que amenaza los valores humanos y enfría cada vez más a las personas, sometiendo poco a poco las emociones y los sentimientos al imperio de la razón. Pero «lo blando» casi siempre derrota «a lo duro», y la mejor arma contra la rigidez es la flexibilidad, del mismo modo que la intolerancia se combate con la tolerancia, y la relajación es la llave para eliminar las tensiones.

Uno prefiere pensar que vamos a poder envolver el progreso material en una atmósfera de sensibilidad humana, y que todos contribuiremos a aportar energía positiva al mundo de las ideas y de las conciencias, mundo tan complejo como el de los astros y de los planetas.

Para conseguir esto tendremos que ser capaces de encontrar nuestro propio equilibrio, utilizando adecuadamente nuestras fuerzas internas, porque dentro de nosotros mismos tenemos casi todo el poder y las enseñanzas que nos puede ofrecer la naturaleza.

El libro de Esperanza Gracia es una ocasión para tratar de asomarnos al misterioso territorio de nuestro fuero interno, un mundo desconocido en el que todo ocurre en silencio, ausente de la atención y a espaldas del pensamiento.

El libro trata, con lenguaje llano, una serie de cuestiones que suscitan la reflexión interna, dando oportunidad a que cada uno encuentre sus propias guías para adentrarse en su mundo interior y descubrir la fuerza de su mente. Elude el dogmatismo y no presenta ningún tipo de alternativa ni trata de doctrinar, porque la autora tiene un profundo respeto por la libertad individual. No es, por tanto, excluyente ni propone renunciar a nada.

Tiene el libro, ciertamente, unos términos y códigos, inevitablemente contaminados por el camino que ha seguido la autora, con cierto sabor a sus días de preparación psíquica personal en Londres, cuando yo la conocí, hace ya muchos años, entregada a estas enseñanzas. Ya entonces se adivinaban en ella unas cualidades especiales, y por cierto muy humanas, que quizá todos tenemos pero que solo algunas personas muy escogidas consiguen hacer aflorar.

En su obra plantea pensamientos, ceremonias y ritos en su vertiente más exótica de «bruja del siglo XXI», como liturgias de aproximación para sintonizar con la fuerza de las ideas. Para abrir ese canal tan sutil de la comunicación subliminal, quizá diferentes lectores pueden necesitar lo mismo con distintas palabras.

PRÓLOGO

Esperanza Gracia tiene el poder de sintonizar con las conciencias, y este libro ofrece claves que te pueden situar en la onda de la intuición y de la imaginación creativa que detecte las luces y sombras que te afectan. Sumérgete en sus páginas y déjate llevar por sus licencias. No trates de tomar ninguna posición ni tampoco pongas en marcha ningún mecanismo de fe ni creencia. Contrasta simplemente los valores más abstractos de sus palabras con las cuestiones que tienes sin resolver en tu pensamiento y que cercan tu existencia. Quizá consigas tener más armonía en tu conciencia.

GUILLERMO SERRANO DE ENTRAMBASAGUAS

1
Hacia una nueva era

Debido a la precesión de los equinoccios, nuestro planeta entra cada dos milenios bajo la influencia de un signo zodiacal distinto. Se inicia entonces una nueva era.

Las eras han tenido implicaciones religiosas que han incidido profundamente en la historia de la humanidad. El antiguo imperio egipcio permaneció bajo la influencia de Tauro; Moisés aparece en la era de Aries y Jesucristo fue profeta en la era de Piscis, cuyos paradigmas ya se han agotado.

En nuestros días, nos encontramos en la era de Acuario, caracterizada por nuevos modelos, actitudes, mentalidades... En definitiva, una nueva filosofía de vida. Emerge un hombre nuevo, un hombre que busca el sentido de la vida, dejando atrás las cadenas del materialismo. Se dirige hacia la creación y evolución de una nueva escala de valores. Los seres humanos desarrollarán los aspectos más positivos de su naturaleza —el amor, la compasión, la generosidad—, desechando los negativos, lo que hará que sus vidas sean mas fructíferas y auténticas.

La sed de autoconocimiento condujo al hombre a querer explorar el mundo. Desilusionado, pero al mismo tiempo esperanzado, se vuelve hacia sí mismo sabiendo, con el conocimiento adquirido, que la auténtica aventura está en nosotros mismos y en la búsqueda de nuestro interior.

Esta nueva era nos rescatará de las tinieblas, ayudándonos a contactar con nuestra sabiduría innata, lo que nos permitirá acceder a una nueva conciencia que actuará como mediadora en el caos mundial. Intuir lo que verdaderamente somos será nuestro reto en esta nueva era. En ella encontraremos nuestra plenitud.

2
Hechizos, rituales y fórmulas mágicas

A lo largo de las civilizaciones el ser humano ha ido acumulando unos conocimientos sobre hechizos, amuletos, talismanes, rituales, etc., que llegan hasta nuestros días. Así, en los comienzos del siglo XXI, las fórmulas mágicas de los grimorios* nos ofrecen soluciones para nuestros problemas.

La humanidad, desde el origen de sus comienzos, ha creído en los profetas, en los oráculos, en los videntes... Aunque actualmente vivimos una época marcada por la evolución constante de la técnica, en el fondo del cerebro humano hay un atisbo de magia e «irracionalidad».

En lugares como Londres, París, Nueva York... no es nada raro encontrar altares y símbolos mágicos en las casas. En uno de mis viajes a Estados Unidos conocí a una persona, por cierto, de gran peso en el mundo financiero de la época, que había publicado libros sobre economía, de los cuales había dos traducidos a varios idiomas. Me invitó

* Recetarios mágicos.

a su casa —en pleno centro de Manhattan— y me quedé fascinada al comprobar que en una de las habitaciones tenía un pequeño santuario. No daba crédito a lo que veía, y él, al comprobar mi alteración, me explicó que hacía muchos años recurría a los rituales de magia para ayudar y proteger a los demás. Era, desde luego, un ser excepcional.

Así, pues, toda la sabiduría acerca de rituales, hechizos y fórmulas mágicas transmitida desde la Antigüedad por nuestros antepasados tiene plena vigencia en nuestros días. De hechizos y sortilegios hablaban ya los papiros egipcios y, aunque con diferentes elementos, los fines que perseguían eran los mismos. Y es que estos hechizos poseen un encanto especial: al realizarlos, contactamos con esa sabiduría interior, con la energía cósmica que nos envuelve. Ese es el verdadero instante mágico, posible siempre y presente en nuestros días.

3
Visualización creativa

La visualización creativa es la técnica de utilizar la propia imaginación para conseguir lo que desees en tu vida.

La imaginación crea una idea o imagen mental. Al visualizar esta imagen le comunicamos nuestra energía para que se convierta en realidad. Ante todo, debemos evitar los pensamientos negativos. Si pensamos continuamente en la enfermedad, por ejemplo, acabamos enfermando; si mostramos una actitud negativa, atraeremos personas y situaciones similares... En cambio, si imaginamos acontecimientos positivos nuestra vida será más agradable y saludable.

El asombroso poder de la imaginación

Muchos creen que la imaginación es el lado alocado de la lógica. Sin embargo, comprobaremos que puede contribuir a cambiar nuestra vida.

Generalmente no somos conscientes del fantástico poder de la imaginación. Desde pequeños se nos enseñó que soñar era una pérdida de tiempo y que el único modo de alcanzar el éxito era racionalizarlo todo, sopesar los pro y los contra antes de emprender algo. Sin embargo, los grandes personajes de la Historia fueron grandes soñadores y poseyeron imaginaciones fantásticas. Soñaron con su futuro, creyeron en él y, aunque los tildaron de soñadores y visionarios, consiguieron que su destino fuera el que siempre anhelaron.

Por tanto, todos nosotros debemos ser conscientes de que poseemos un instrumento valiosísimo —la imaginación— para conseguir nuestros sueños e ilusiones.

Los dos hemisferios

El cerebro es el depósito central de energía, el gran responsable del funcionamiento de nuestro cuerpo, de nuestros órganos y sentidos. Es como un gran «centro de control».

Los órganos sensitivos lo mantienen informado de lo que sucede dentro y fuera de nuestro cuerpo. Valiéndose de lo que le enseña la experiencia, cuyos datos permanecen almacenados en la memoria, el cerebro interpreta el significado de las señales que recibe y envía como respuesta sus propias señales a los diferentes órganos, músculos y glándulas para que actúen en consecuencia.

El cerebro está formado por dos hemisferios: izquierdo y derecho. Ambos funcionan por vías diferentes. El izquierdo es el responsable del razonamiento lógico (lenguaje, análisis, cálculo, etc.), mientras que el derecho se utiliza para las funciones que exigen que los objetos y la conducta sean determinados como una totalidad (imágenes, creatividad, sueños, emociones, etc.). No obstante, a través del cuerpo calloso (una especie de puente que une ambos hemisferios), un gran número de fibras comunican los dos hemisferios, de modo que el trabajo de ambos no está tan separado.

Lo interesante es utilizar los dos hemisferios en cooperación; hacer que funcionen de modo equilibrado. Esto es lo que conocemos como sincronía cerebral.

Nuestros hemisferios generalmente producen ondas de distinta frecuencia, pero cuando se sincronizan generan las mismas ondas. Cuando los dos hemisferios funcionan de forma sincronizada, el cerebro se reorganiza en un orden superior. El aprender a sincronizar puede incrementar enormemente el potencial de aprendizaje y crecimiento del cuerpo.

Solo usamos una mínima parte de nuestros recursos cerebrales. El resto permanece en un estado de silencio, de somnolencia, esperando a ser despertado y a entrar en funcionamiento. La sincronización de hemisferios es uno de esos potenciales que podemos aprender a desarrollar. Para ello es necesario practicar y hacer una buena combinación entre una profunda relajación física, serenidad y claridad mental. Solo así llegaremos a conseguir poco a poco la sincronización.

Este estado es sumamente beneficioso: aumenta la concentración y la resistencia a las tensiones en cualquier tarea que estemos realizando e incide sobre la capacidad y el nivel de aprendizaje para desarrollar actividades de todo tipo (profesionales, académicas...) con mayor lucidez, inspiración, fluidez y rapidez mental, lo que ayuda poderosamente en la toma de decisiones ante discusiones profesionales o situaciones problemáticas.

La sincronización propicia un estado de equilibrio y armonía, de tal modo que se reducen y tienden a remitir todos aquellos trastornos producidos por la acumulación de presiones y desajustes, tales como las cefaleas, insomnio, dolores musculares crónicos...

Cómo obtener lo que deseamos a través del pensamiento mágico

Ante todo, debes tener en cuenta los siguientes puntos:

— Márcate un objetivo claro y concreto.

— Concéntrate en él, creando una imagen clara y precisa.

— Al levantarte y al acostarte, piensa en tu objetivo, transmitiéndole energía positiva.

— No desees varias cosas a la vez, ya que solo conseguirías dispersar tus energías.

— Debes entrar en un estado de relajación, llamado «nivel alfa», en el que las ondas cerebrales son más lentas. Te ayudará a conseguirlo el siguiente ejercicio:

Adopta una postura cómoda, con la espalda recta. Inspira profundamente tres veces y cierra los ojos. Concentra tu atención en la respiración, pensando cómo el aire entra y sale por tu nariz. Intenta aquietar tu pensamiento. Si algo te perturba, vuelve a inspirar profundamente. Ahora imagina que un rayo de luz dorada te envuelve. Detente unos instantes en esa sensación. Vuelve a hacer una inspiración profunda, mueve lentamente los pies, los brazos, las manos... Abre lentamente los ojos y permanece unos instantes con las sensaciones percibidas.

He podido observar que pacientes míos se bloqueaban al introducirlos en técnicas de visualización. Concretamente, recuerdo el caso de un diseñador de gran prestigio que, a pesar de poseer una fantástica imaginación, cuando intentaba que ejercitara la visualización se quedaba profundamente dormido. El temor a encontrarse consigo mismo, con su mundo interior, paralizaba su capacidad imaginativa.

Con la creatividad recobramos la ilusión y los sueños, y no hay que olvidar que las ilusiones y sueños que se repiten con insistencia a lo largo de la vida tienen grandes posibilidades de hacerse realidad.

El poder de la mente como defensa frente a la enfermedad

Nuestros estados emocionales van unidos a la salud física. Somatizamos enfermedades cuando nos encontramos con miedos, dudas, conflictos, temores... Esa inarmonía nos hace enfermar.

He podido comprobar que la gente enferma como una respuesta inevitable a una situación. Las frases atemorizadas («me he contagiado», «voy a caer enfermo», «me voy a caer» , «no sobreviviré a la operación»...) generan la negatividad, y el organismo responde como se espera.

Las personas vitalistas, que retan a la vida, que no se dejan llevar por pensamientos negativos, difícilmente caerían en las garras de las enfermedades psicosomáticas. Sin embargo, las que reprimen sus emociones y sentimientos, y tienen una actitud negativa ante la vida, son caldo de cultivo para enfermedades de difícil diagnóstico y complicada patología.

En ocasiones, enfermamos para crecer espiritualmente. Un amigo mío, que se fracturó una pierna en una caída de caballo, me contaba lo positivo que había sido para él descubrir el mundo desde la inactividad. Aprendió a tener paciencia y a ejercitarla.

Por tanto, no pensemos en la enfermedad como algo lamentable e irremediable. La actitud positiva que se adopte será una valiosa ayuda en el tratamiento médico y acelerará el proceso de curación. Para conseguir adoptar esta actitud, realiza el siguiente ejercicio:

> Cierra los ojos e inspira profundamente. Adopta una posición cómoda, manteniendo la espalda recta. Imagina un bello paraje. Túmbate sobre la hierba y percibe el calor del sol. Imagina que un rayo de luz entra por tu cuerpo, suavizándolo, revitalizándolo... Condúcelo al lugar dañado y envuelve esa zona en una burbuja, apartando el dolor. Imagina que tu cuerpo reacciona muy positivamente ante la fuerza que le estás enviando. Siente cómo la energía que te transmite el sol cura tu cuerpo y te libera del dolor. Inspira profundamente, mueve el cuerpo lentamente, abre los ojos y sal del estado de relajación.

Cada vez que necesites la energía cósmica realiza esta visualización.*

---

* Para que el rendimiento sea completo, es conveniente que escuches los ejercicios de visualización en una casete grabada con tu voz.

Cromatismo: Los colores nos ayudan a obtener paz, fuerza y seguridad

En un curso que realicé en Nuevo México sobre visualización creativa con colores constaté que, dependiendo del estado anímico del paciente, aparecía espontáneamente en la visualización un color determinado. Más tarde, hablando con los pacientes, pude comprobar que cuando la persona necesitaba energía aparecía el color rojo; si necesitaba paz y serenidad el azul; si debía tomar una decisión, el amarillo, que estimula la claridad de ideas... y así sucesivamente.

Utilizando los colores apropiados en la visualización creativa obtendremos paz, fuerza y seguridad.

Simbolismo de los colores

Si al realizar la visualización creativa aparece alguno de estos colores, significa lo siguiente:

— ***Rojo:*** Energía, impulso vital, fuerza, coraje... Este color implica liderazgo y dotes de mando.
— ***Amarillo pálido:*** Calma, serenidad, magnetismo...
— ***Gris:*** Calma las pasiones y activa la lucidez intelectual. No es casualidad que el cerebro sea conocido con el nombre de «masa gris».
— ***Amarillo dorado:*** El color del sol. Perfección, evolución espiritual, acceso a otros planos de conciencia, unión, alianzas, sacrificio de la individualidad por el bien de los demás...

— ***Verde:*** Abundancia, prosperidad, fecundidad, creatividad, serenidad...
— ***Marrón:*** Responsabilidad, perfección, saber científico y experimental, sabiduría...
— ***Granate:*** Situaciones límite, explosivas, atemorizantes, tempestades del alma, conflictos internos, crisis, discordias... Es el color de la lucha con uno mismo; simboliza que los elementos están en nuestra contra y que debemos prepararnos para un periodo de dificultades.
— ***Azul:*** Calma, generosidad, pureza, serenidad, ilusiones, esperanza, acceso a otros planos de conciencia... Indica que ha llegado el momento de asumir responsabilidades. Soluciona los problemas y despeja los obstáculos.
— ***Negro:*** Dominio, voluntad, objetivos materiales, oscuridad del alma, miedos... Los alquimistas comenzaban sus obras con el negro, siendo el punto de arranque de las transformaciones posteriores. Cuando aparece este color, estás iniciando una nueva etapa.
— ***Naranja:*** Espiritualidad, concentración, sabiduría, reflexión. Este color es muy beneficioso para tratar las depresiones. Es el color de la felicidad y de la creatividad. También se asocia al hombre del tercer milenio, ese hombre nuevo que está emergiendo y que todo lo comparte.
— ***Violeta:*** Castidad, espiritualidad, desapegos, clarividencia... Cuando este color aparece, el hombre ha dejado los apegos que le ataban a la materia y ha entrado en el dominio de lo trascendente.

Ejercicio práctico

Dependiendo de lo que necesitemos en un determinado momento de nuestra vida, podemos utilizar uno u otro color. El siguiente ejercicio conseguirá, a través de los colores, infundirnos fuerza, seguridad y serenidad:

> Entra en un estado de relajación, mantén la espalda recta e inspira profundamente tres veces. Imagina que un rayo de color rojo entra por tu coronilla, recorre tu cuerpo, otorgándole fuerza, vitalidad, entusiasmo, energía... y sale por los dedos de tus pies. En este momento el rayo es de un color negruzco y ha arrastrado tus miedos e inseguridades. Haz una inspiración profunda e imagina que un rayo de color azul atraviesa tu coronilla y recorre tu cuerpo, aportándole calma, serenidad, armonía... El rayo llega a la planta de tus pies y sale por tus dedos con un tono plomizo oscuro, arrastrando tu agitación, tus dudas, tus desequilibrios... Inspira de nuevo profundamente e imagina ahora un rayo de color amarillo atravesando tu coronilla y recorriendo tu cuerpo. Sentirás que tu mente se activa y comenzarás a ver las cosas con claridad de juicio. El rayo llega a tus pies, sale por los dedos con un tono amarillo ennegrecido, arrastrando tus dudas, indecisiones y miedos.
>
> Inspira profundamente y espera unos instantes para ver si alguno de los colores imaginados reaparece. Si es así, siente de nuevo cómo el color te envuelve, te protege y te revitaliza. Inspira y sal del estado de relajación muy lentamente. Conserva las sensaciones percibidas.

Si alguno de los colores visualizados ha vuelto a reaparecer durante el ejercicio, es posible que sufras la carencia que simboliza ese determinado color, por lo que debes practicar visualizaciones sencillas, imaginando que ese color te envuelve y te transmite sus propiedades.

Deben realizarse visualizaciones cortas al menos una vez al día. Los momentos más favorables son al levantarse, al acostarse y a la hora de la siesta.

4
Pensamiento positivo

La mente humana está formada por una parte *consciente* y otra *inconsciente* o *subconsciente.* Nuestra vida está aparentemente gobernada por el consciente. Sin embargo, lo que más influye es el inconsciente, y éste no tiene tiempo ni espacio; no sabe ni lo que es de ayer ni lo que es de hoy.

La información pasa de la mente consciente a la subsconsciente. La mente subsconsciente no razona, solo almacena y suscita un cierto comportamiento.

El ***pensamiento positivo*** consiste en dirigir a la mente subsconsciente en el sentido deseado. Por lo tanto, si queremos modificar nuestro comportamiento tenemos que actuar sobre la mente subconsciente, pero para ello debemos «filtrar» la información que suministramos a la mente consciente.

El subconsciente acepta cualquier clase de sugestión, aunque sea falsa. De ahí la importancia de ser extremadamente cautelosos con los pensamientos que ocupan nuestra mente. La «calidad» de nuestros pensamientos determina la calidad de nuestra vida. Es cierto que no podemos hacer nada por evitar ciertos acontecimientos, pero sí podemos cambiar la manera de enfrentarnos a ellos. Hemos de tener en cuenta los siguientes aspectos:

- Interrumpir los pensamientos negativos (*«He perdido mi vida»; «Nunca* me *ha sucedido nada bueno»)* y adoptar una actitud más positiva, con pensamientos vitales y optimistas (*«Hoy es el primer día del resto* de *mi vida y todo será diferente. Como primera medida me voy a regalar algo porque me lo merezco»).*
- Aceptar la realidad tal como es, sin evasiones, pero confiando en uno mismo y con una actitud serena.
- Prestar atención a lo que se piensa a lo largo del día para saber lo que hay que modificar.
- Evitar las frases negativas (*«Tengo miedo»; «No seré capaz»)* y adoptar una actitud tranquila y sosegada.
- Pensar más en lo que se desea que en lo que se teme.
- Utilizar frases en presente y funcionar en el «ahora», porque el inconsciente lo toma todo al pie de la letra.
- Repetir los nuevos pensamientos positivos para que acaben apareciendo de manera espontánea.
- Programar el día por la mañana, con pensamientos muy positivos: *«Estoy viviendo un día estupendo»; «Me gusto a mí mismo y gusto a los demás»; «Estoy en armonía con el mundo que me rodea»; «Soy una persona afortunada»; «Atraigo la buena suerte como si fuera un imán»...*
- Antes de convencer a los demás hay que convencerse a uno mismo: *«Soy maravilloso y me quiero»; «Todo lo que sucede, sucede*

para mi bien»; «Soy estupendo, me acepto y me caigo bien»; «Soy feliz porque me lo merezco»...

— Hay que crear un programa de éxito personal. Cada uno atrae a su vida lo que realmente quiere, consciente o inconscientemente. Unas personas viven la vida y tienen éxito; otras, en cambio, se sienten gobernadas y manejadas por el ambiente (situación familiar, pareja, jefe...) y se sienten incapaces de modificarlo, muchas veces por miedo al cambio.

— Vivir aquí y ahora. Como decía A. Watts*: «Si la felicidad siempre depende de algo que esperamos en el futuro, estamos persiguiendo una quimera que siempre nos esquiva, hasta que el futuro y nosotros mismos nos desvanecemos en el abismo de la muerte».

— Romper hábitos negativos. No estar preocupado, sino ocuparse de lo que hay que hacer y solucionarlo.

— Fijarse un objetivo preciso y realista, y no abandonarlo: la vida no ofrece garantías, solo oportunidades. Si no has conseguido lo que deseabas, quizá es que no te convenía en ese momento. Recuerda que nuestra andadura por la vida está llena de experiencias y debemos estar preparados para aceptar la desilusión, el dolor, el fracaso... Sin embargo, nuestra actitud positiva hará que confiemos en el futuro, ya que nada es permanente, ni el dolor ni la felicidad. Si ahora vivimos un momento difícil, en un futuro encontraremos el camino para pasar de la oscuridad a la luz.

---

* A. Watts, *La sabiduría de la inseguridad.*

Cómo liberarse de los miedos, angustias, fobias e inseguridades

Ante todo, debes encontrar tiempo para ti mismo. Está demostrado que veinte minutos de meditación o relajación alteran el consumo de oxígeno y reducen el nivel de ácido láctico (sustancia asociada con el síndrome de ansiedad) en la sangre.

Si incorporas a tu vida diaria esta práctica, los resultados serán inmediatos y experimentarás una mejoría desde el primer día. Incluso en el caso de una patología clínica seria, que evidentemente debe ser tratada por especialistas, tu actitud positiva y confiada acelerará la curación.

El primer paso que hay que dar para solucionar un problema es reconocerlo y aceptarlo. El problema de muchos alcohólicos, por ejemplo, es que no se reconocen como tales, engañándose a sí mismos e intentando engañar a los demás. Sin reconocer ni aceptar su enfermedad, difícilmente pueden poner los medios para solucionar el problema.

Para liberarnos de los miedos, angustias, fobias o inseguridades no debemos ocultarlos ni rechazarlos, engañándonos a nosotros mismos y asegurándonos que se trata de algo normal y sin importancia, cuando somos conscientes de que están frenando nuestro desarrollo personal. Es necesario que los afrontemos desde una actitud positiva y firme. Una vez dado este importante paso nos daremos cuenta de que nuestra fuerza interior y nuestra seguridad en nosotros mismos van creciendo. Este logro potenciará nuestra autoestima y nos ayudará a superarlos.

Siempre que puedas, escribe o pronuncia las siguientes palabras:

«Me siento con valor y esperanza. Sé que soy capaz de superarlo. Me crezco ante la dificultad».

El poder de la palabra

De todos es conocida la influencia que la palabra ejerce en nosotros. Cuando alguien nos habla en términos fatalistas —«Te puede ocurrir algo malo»; «Puedes tener un accidente de coche»; «Ese proyecto no saldrá bien»—, en muchas ocasiones logra que el miedo se apodere de nosotros e incluso condicione nuestra forma de actuar. El mensaje de una persona —sus palabras— puede desestabilizarnos, lo cual es muy negativo. De ahí que sea tan importante prestar atención a lo que decimos. Si escuchamos, por ejemplo, palabras cariñosas, experimentamos sensaciones muy reconfortantes y placenteras. Por el contrario, si nos hablan en términos bruscos e insultantes, la ira y el enfado se apoderan de nosotros.

Como ya he dicho anteriormente, el subconsciente acepta cualquier clase de sugestión, aunque sea falsa. Deja de decir cosas como «No puedo»; «No debería»; «Voy a fracasar»; «Siempre estoy equivocado»; «Soy demasiado viejo»; «Voy a perder mi puesto de trabajo»; «A nadie le importa mi opinión»... Con ello lo único que consigues es sentirte vacilante, temeroso e inseguro. Si, por el contrario, te repites a ti mismo mensajes positivos —«Yo quiero y puedo», «Confío en mí mismo», «Controlo mi vida»; «Mi mundo es muy seguro»; «Estoy triunfando»—, te infundirán optimismo y seguridad, y tu actitud ante los problemas variará sustancial y muy positivamente.

Siempre que puedas, pronuncia las siguientes palabras:

«Asumo mi destino. Sé que puedo dejar el pasado,
con todas sus miserias y tristezas, a mis espaldas,
y de ahora en adelante comienzo de nuevo.
Soy una persona valiosa y me enorgullezco de ello.
Estoy abierto al mundo exterior e iré por mi camino
en solitario, pero, poco a poco, permitiré
que los seres humanos se acerquen a mí.
Confío en mis semejantes y ellos confían en mí.
Sé que todo lo que dé me será devuelto en abundancia».

Aceptación de uno mismo para evitar el rechazo

La aceptación de nosotros mismos, con nuestros defectos y limitaciones, es algo básico para conducirnos en la vida con seguridad y sin miedo a ser rechazados.

De la misma forma que aceptas las debilidades y los defectos de las personas que quieres, debes aceptar tus limitaciones y autoestimarte. No es conveniente ser demasiado exigentes y perfeccionistas con nosotros mismos, sino aceptarnos tal como somos, intentando, eso sí, mejorar de acuerdo con nuestras posibilidades.

El siguiente ejercicio te ayudará a adoptar esta actitud:

Cierra los ojos e inspira profundamente. Siente cómo el aire entra y sale de tus pulmones. Aleja los recuerdos, los proyectos, los planes... Quédate en el presente, en el aquí y el ahora. Aquieta tu mente.

Inspira por la nariz y al espirar imagina que te liberas de la tensión. Tu cuerpo, atraído por la fuerza de la gravedad, se hunde, se suaviza... Respira muy despacio, mientras relajas cada una de las partes de tu cuerpo (los pies, las piernas, los muslos, la pelvis, la columna...) hasta llegar a la coronilla, soltando cualquier tensión y rigidez.

Toma conciencia de que tu presencia en el mundo da felicidad a los demás. Siente cómo el amor te envuelve, te acaricia, te mece. Se trata de un sentimiento que nada tiene que ver con el egoísmo. Es amor, es deseo de felicidad hacia ti mismo. Vas a acabar con todos aquellos conceptos que te rompen la vida, la felicidad, la armonía... Repítete a ti mismo:

«**Te quiero** (di tu nombre)».

Aun sabiendo los defectos, las imperfecciones, los múltiples errores, los momentos de ira, de apego, de envidia, de crueldad... nada es razón de peso para no amarte. Vibra, que todo tu cuerpo vibre con amor, un amor que te envuelve, te acaricia, te abraza... Tú conseguirás ser feliz, sin condiciones, sin negar tus defectos. Mereces el amor y mereces que te quieran. Siéntelo así. Disuelve esas resistencias que te impiden quererte, los sentimientos de culpa, los prejucicios, las acusaciones...

Lentamente, ve moviendo tu cuerpo. Haz una inspiración profunda y sal del estado de relajación conservando las sensaciones percibidas.

5
Desequilibrios energéticos

Sin excepción, lo que todos los seres humanos anhelan es la salud: un bienestar físico y psíquico que les aporte un equilibrio total.

Son varios los psicólogos que afirman que el mayor descubrimiento que se está llevando a cabo en este sentido es *la fuerza del pensamiento,* fuerza capaz de alterar el funcionamiento del cuerpo humano.

Nosotros tenemos «la llave» para vencer la angustia, eliminar tensiones y ansiedades, controlar la depresión, eliminar la fatiga y renovar energías. Podemos desarrollar nuestro «sexto sentido» para conocer mejor a los demás y percibir otras realidades.

Los antiguos chinos afirmaban que el hombre está unido al cosmos por la energía vital que llena el universo. La idea de que existe en el hombre y en el universo una «especie de energía» no es nueva. Así, en La India se da el nombre de *prana* a algo que nos envuelve y nos otorga energía. En el ser humano esta bioenergía la constituye el «cuerpo magnético», que posee una radiante luminosidad, conocida con el nombre de *aura*, que los sensitivos o clarividentes pueden ver. El aura es como nuestra «piel psíquica» y forma una barrera externa que nos protege.

Se cree que el cuerpo energético se forma antes que el cuerpo físico, siendo este un doble de aquel. En parapsicología, el cuerpo energético se conoce como el *doble astral* y tiene la propiedad de separarse, por breves periodos de tiempo, del cuerpo físico, dando lugar a lo que se conoce con el nombre de *bilocación*. Numerosas personas han tenido este tipo de experiencia: se han visto a sí mismas tendidas en la cama o en otro lugar, alejadas de donde se encontraban físicamente.

Algunas enfermedades aparecen primero en el cuerpo energético y pueden ser tratadas antes de que se manifiesten en el cuerpo físico. El estrés, las drogas, las perturbaciones emocionales alteran el aura y originan enfermedades físicas.

Como he dicho anteriormente, el aura la pueden visualizar los sensitivos, pero también existen aparatos para fotografiarla y medirla. El aura humana mide aproximadamente de seis a ocho centímetros (medida lateralmente). Se ha comprobado que una persona con mucha energía y aura está protegida contra la influencia maléfica de terceros —«mal de ojo»— y contra las enfermedades. También suele poseer facultades paranormales y capacidades curativas en sus manos.

El desequilibrio energético que da origen a las enfermedades puede ser producido por los siguientes factores:

- Radiaciones nocivas del ambiente y del subsuelo.
- Influencia negativa de terceros.
- Perturbaciones psicosomáticas.
- Angustia, ansiedad, neurosis, miedos, etc.

«Mal de ojo»

La creencia en el poder de ciertas personas para producir daño a otras, con tan solo mirarlas, ha existido probablemente desde los inicios del mundo. Para quien estudia la historia de la humanidad no es una sorpresa encontrar en todas las civilizaciones la creencia en el poder de los maleficios y también en el poder de defensa de los talismanes.

Se cree que el mal de ojo es motivado generalmente por la envidia, los celos... En las sociedades donde esa creencia está muy arraigada, un cumplido o una admiración por parte de un extraño puede ser interpretado como una amenaza encubierta. Sin embargo, no siempre el mal de ojo es voluntario o supone mala intención. Hay personas con malas energías que consiguen que te sientas inquieto en su presencia, y el mero hecho de tocar su mano, por ejemplo, produce un rechazo visceral.

Los efectos del mal de ojo suelen ser cansancio, debilidad física, sensación de malestar, depresión, melancolía, insomnio, descontrol emocional, falta de concentración... Si el maleficio es más fuerte pueden surgir cambios de fortuna, negocios que de pronto dejan de funcionar, muerte del ganado, pérdida de cosechas... Todo ello de una forma súbita y repentina, como si las desgracias se multiplicaran.

Leví, premio Nobel de Física, demostró que cada célula nerviosa —neuronas— es un importante receptor y emisor, como una estación de radio. Si nuestras neuronas pueden recibir una energía benéfica, también pueden recibir energías maléficas.* Las ondas mentales emitidas

* La energía no tiene signo positivo ni negativo. Es simplemente energía. El signo se lo ponemos nosotros según sea el fin para el que la utilizamos.

para dañar a alguien pueden traer desgracias a la persona objeto de ellas, a no ser que se encuentre bien protegida. En este caso, se produce un efecto de rebote, dañando a la persona que las envió.

Hemos experimentado que en lugares donde reinan la calma y el sosiego (templos, sinagogas, centros de meditación...) sentimos paz y bienestar. En cambio, en lugares donde el dolor, la tristeza o el miedo son constantes (hospitales, tanatorios...) nos sentimos invadidos por una sensación desagradable que nos hace permanecer en tensión y con deseos de abandonar el lugar.

Aura enfermiza

El aura de una persona que presenta algún problema tiene un color rojo con grandes bifurcaciones. Es necesario tener el aura sana para evitar la invasión de agentes externos que pueden provocar desequilibrios. Recuerda que el aura es como una barrera externa de protección. Te recomiendo el siguiente ejercicio, que da muy buenos resultados, para revitalizarla:

Por la mañana, antes de levantarte, visualiza una luz azul cubriendo todo tu cuerpo y formando una envoltura que te protege de todo mal. Repite mentalmente estas palabras:

***«Esta luz que me envuelve protege todo
mi cuerpo físico contra cualquier onda negativa
que pueda existir en mi entorno».***

Si hay alguna parte de tu cuerpo que esté experimentando algún dolor, conduce la luz azul hacia ese lugar durante unos instantes. Ahora imagina que la luz entra por todos los poros de tu piel, revitalizándola, nutriéndola... Haz una inspiración profunda y, lentamente, abre los ojos. Sal de la relajación conservando la sensación de protección total que inunda todo tu cuerpo.

Cómo neutralizar las influencias negativas de terceros

La tradición popular nos habla de sal, vinagre, ajos... para neutralizar las ondas negativas de terceros. Esto funciona cuando es la propia persona la que se autogestiona creyendo que ha sido objeto de algún daño. El hecho de creer que el vinagre, por ejemplo, puede protegerla le otorga confianza y el miedo a ser víctima de algún maleficio desaparece.

El azufre y el carbón, colocados en lugares estratégicos, pueden absorber ondas maléficas. No obstante, hay que renovarlos constantemente, ya que se saturan con facilidad. Como protección para el hogar, te recomiendo que pongas tres trocitos de carbón en un plato, junto a un vaso de agua. Se debe colocar cerca del lugar donde se duerme, ya que los «trabajos» de magia se realizan cuando la persona se encuentra más indefensa, y eso ocurre cuando duerme.

Otro de los remedios para neutralizar las influencias negativas es la *limpia*. Es un recurso que está muy extendido. Sin embargo, hay que ser cautos, ya que, a menudo, es objeto de fraudes. En México se realiza con bastante éxito; es muy conocida la que consiste en pasar un huevo por todo el cuerpo para arrastrar el mal que te hayan podido hacer. Un cantante muy conocido amigo mío me contó que en una de sus giras recurrió a esta *limpia* y cuando cascaron el huevo pudo comprobar cómo salía algo extraño y con un olor desagradable. El fraude parecía improbable —el huevo lo había llevado él— y los resultados, según me dijo, fueron espectaculares.

La psicoterapia —otro posible remedio— es necesaria cuando existe una excesiva angustia, inseguridad, neurosis... En estos casos, la defensa mental, aunque puede servir de ayuda, es insuficiente. Lo he podido comprobar en centros donde se realiza la imposición de manos para transmitir energía a la persona. En un principio, su aura cambia y adquiere fortaleza, pero a las pocas horas vuelve a su fase enferma inicial. Con la relajación, la meditación y el yoga mental alcanzamos el ritmo alfa, eliminamos tensiones y aumentamos la energía vital.

Otro de los remedios para combatir las influencias negativas es la elevación espiritual. A través de la meditación, los mantras o la oración —depende de las creencias de cada uno— nos elevamos a un plano superior en el que nos encontramos por encima de esas ondas maléficas que intentan atacarnos. La vivencia espiritual consigue que nos sintamos seguros y protegidos.

Rituales para combatir el «mal de ojo»

Cabe preguntarse cómo evitar el mal de ojo. Para los creyentes es muy importante la oración. La vivencia espiritual otorga seguridad y consigue que te sientas protegido, ya que Dios es lo absoluto. Los no creyentes deben permanecer en un sitio tranquilo —un templo o un lugar cercano a un manantial donde el agua fluya— y mojarse la cabeza con agua bendita o con el agua del manantial, invocando a Dios o al cosmos para que los ayude a arrastrar todo el mal que se ha posado en ellos.

Asimismo, los siguientes rituales actúan como barrera protectora contra el «mal de ojo». Para este ritual necesitas:

— Una vela.
— Incienso.
— Una fotografía tuya.
— Dos cerillas de cera.

Ve a una habitación en la que puedas estar tranquilo y donde nadie te interrumpa. Abre las ventanas al menos durante tres minutos. Ciérralas y quema incienso. Coloca sobre tu fotografía, o sobre la de la persona que supuestamente tenga «mal de ojo» las dos cerillas de cera en forma de cruz. Enciende la vela y reza una oración o pronuncia estas palabras:

«Nadie podrá contra mí —o contra la persona a la que desees quitar el "mal de ojo"—. **Mi poder es superior al tuyo. Te venceré siempre que desees hacerme algún mal, porque yo estoy con el bien, con la fuerza, con la luz».**

Deja que la vela se consuma. Las cerillas tienen que permanecer encima de la foto durante tres días. Transcurrido este tiempo, quema las cerillas. Imagina que el· fuego está consumiendo todo el mal que te hayan podido causar.

CÓMO PROTEGERTE

Si quieres llevar una protección permanente, tú mismo puedes confeccionarte un amuleto utilizando un trozo de tela de color violeta (no sirve otro color).

Debes poner encima de la tela tres clavos, una pluma de ave pequeña, tres granos de pimienta negra y un poquitín de menta. Átalo con una cinta de color blanco, en la que debes escribir tu nombre, y déjalo una noche al sereno. Es muy importante que la luna esté en fase creciente o llena, nunca en fase menguante.

Debes dormir con el saquito tres noches consecutivas. El mejor sitio para ponerlo es debajo de la almohada o entre la sábana y el colchón, muy cerca de tu cuerpo.

La duración aproximada de este talismán es de dos a tres meses. Recuerda que, transcurrido este tiempo, pierde todo su poder, por lo que debes quemarlo y enterrar las cenizas en el campo o en una maceta.

CÓMO «LIMPIARTE»

Para hacerte una *limpia*, es decir, para quitarte el mal de ojo, puedes hacer el siguiente ritual:

Debes realizarlo un martes o un viernes, antes de las doce de la mañana, durante tres días consecutivos. Necesitas lo siguiente:

— Una vela blanca.
— Un huevo de gallina blanco, no moreno.
— Incienso o romero.
— Agua bendita.
— Un vaso lleno con las tres cuartas partes de agua.

Elige una habitación donde nadie te interrumpa. Abre las ventanas durante diez minutos; ciérralas y echa agua bendita por los rincones, rezando una oración. Quema incienso o romero. A continuación, desnúdate y pasa el huevo por todo tu cuerpo, desde la planta de los pies hasta la cabeza, como si fuera una pastilla de jabón.

Recuerda que vas a liberarte de la mala energía que se ha podido quedar en tu cuerpo. Después, cascas el huevo y lo echas (sin la cáscara) en el vaso con agua. Debe permanecer así dos horas como mínimo. Transcurrido este tiempo, mira lo que se ha formado en la superficie.

Deja que el viento se lleve las cenizas del incienso. Arroja el agua, junto con el huevo, al retrete, pronunciando estas palabras:

«Que se lleve todo el mal que haya podido haber en mi cuerpo».

PARA SABER SI ERES VÍCTIMA DE «MAL DE OJO»

Lo más conveniente sería que acudieses a profesionales serios y especializados en estos temas.

De todas formas, en México se utiliza mucho el ritual que a continuación te voy a detallar. Para ello necesitas:

— Un plato de loza.
— Tres limones.
— Azúcar morena.

Ve a una habitación donde estés tranquilo y nadie te moleste. Coloca el plato y parte cada limón en cuatro trozos, haciendo una cruz (sin que se desgaje). Echa tres cucharadas de azúcar morena en cada uno de los limones y coloca el plato con estos debajo de la cama donde duermas. Deben permanecer allí, como mínimo, tres días.

Transcurrido este tiempo, mira los limones. Si se han puesto negros, tienes «mal de ojo». Si adquieren un color verdoso, no lo tienes.

Recuerda que el «mal de ojo» suele estar motivado por la envidia, los celos... A veces es intencionado y conlleva una mala intención. Otras veces, en cambio, se hace de una forma inconsciente, sin voluntad.

Si lo tienes... ¿Qué hacer para evitarlo?

Cualquier día de la semana, echa vinagre y sal gorda en un cubo lleno de agua. Friega los rincones de tu casa, comenzando desde el lugar más alejado de la puerta de entrada y acabando por ésta. Al llegar a la entrada, haz la señal de la cruz.

A continuación, si eres creyente, ve a una iglesia, échate agua bendita por la cabeza y pronucia estas palabras:

«Que la mala energía que mi cuerpo físico ha acumulado desaparezca».

Si no eres creyente, debes acudir a algún sitio cercano a un riachuelo o manantial y echarte agua por la cabeza pronunciando las mismas palabras.

Después, enciende una vela —en la iglesia o en el campo— y deja que se consuma. Cuando regreses a casa busca una piedra (o una concha, si estás cerca del mar) que te sugiera algo, que te guste por el motivo que sea, y que se pueda convertir en una especie de amuleto protector. Colócalo cerca de donde duermes. Absorberá las malas vibraciones que te puedan estar enviando. Cuando pase una fase completa de luna (veintiocho días), vuelve a realizar la operación con los limones. Si no se ponen negros, entierra tu amuleto. Ya estás completamente en paz.

6
Magia ceremonial

La magia es un mundo misterioso que subyace en nuestro interior, cuyo nombre suscita sentimientos de vago temor, de miedos ancestrales, de poder, de suaves fascinaciones... Sensaciones indefinidas que nos devuelven a pasados lejanos, ante los que ningún ser humano, ni el más escéptico, puede permanecer insensible.

El hombre siempre se ha sentido atraído por la magia, independientemente de que haya mostrado hacia ella una actitud escéptica o de aprobación.

El hombre primitivo percibía la magia de su existencia y las fuerzas de la naturaleza le hablaban directamente a su inconsciente, sin pasar por el filtro de una mente cognoscitiva. Sentía la fuerza de la naturaleza, conocía sus poderes y aprendió a utilizarlos.

El chamán o brujo de la tribu, muy respetado, a través de unos ritos conseguía cubrir las principales necesidades del hombre (caza, pesca, recolección...).

La mujer aprendió la magia en las cosas sencillas de la vida, utilizando hierbas curativas, rituales y filtros de amor.

La brujería tuvo en la Iglesia a uno de sus mayores enemigos. La consideraban un culto satánico. En 1478, por una bula papal, se autorizó en España la Inquisición y no fue abolida hasta 1834. Las «brujas» actuaban en la clandestinidad, y cerca de nueve millones de personas fueron torturadas y asesinadas en España. En Salem (Massachusetts) están enterradas muchas mujeres perseguidas y acusadas de brujas. Aunque en la actualidad esta ciudad rinde un culto a todo lo relacionado con el tema de la brujería, e incluso los policías llevan en la manga de su uniforme una bruja subida a una escoba, no puedo olvidar la sensación de horror e impotencia que me produjo el ver las tumbas de esas pobres mujeres.

Olvidando sucesos tan lamentables, siempre que el ser humano atraviesa un periodo de crisis y necesita aliviar la angustia que le produce el futuro, confía en la magia con la esperanza de encontrar respuestas tranquilizadoras y la forma de controlar y cambiar un destino adverso. Dentro de nosotros existe un poder personal y, a través de la magia, podremos liberar esa energía para conseguir nuestros objetivos sin manipular ni dañar a terceros. La magia blanca no destruye; su objetivo siempre es positivo.

Requisitos para practicar la magia

Voluntad: Hay que concentrar todas las energías en el asunto que nos ocupe y desear que este suceda.

Fe: No puede haber lugar a dudas. Se debe tener una fe inquebrantable en la consecución del éxito.

Valor: No pueden existir miedos ni temores.

Silencio: Se deben evitar los pensamientos que perturben la armonía. No hables con nadie de esta práctica.

Vestimenta: Se deben evitar las fibras artificiales, ya que son una barrera para la energía que se está transmitiendo para llevar a cabo los conjuros.

Altar: Es necesario un lugar especial donde realizar los rituales mágicos.

Orientación: Durante el trabajo se puede estar de pie o sentado, pero siempre mirando al este.

Protector: Si el ritual se va a realizar con otra persona se necesita un cristal o una figura que actúe como protector.

Utensilios:

Copa (de plata o cerámica) para el agua o el vino.

Incensario.

Cuenco de latón (para la tierra el arroz u otros granos).

Quemador o vasija de hierro para encender fuego.

Horarios lunares

El amanecer y el anochecer son tan importantes en magia como las fases de la luna. Es en estos momentos cuando el cuerpo, la mente y el espíritu conectan.

DÍA Y NOCHE

Día: Yang. La luz solar empuja a salir, a explorar, a intentar cosas nuevas... Es el momento indicado para realizar rituales de trabajo y de negocios.

Noche: Yin. Fomenta la meditación y el silencio, el arte, la poesía, la intuición, los viajes astrales, las experiencias extracorpóreas... Es el momento indicado para descubrir engaños, fraudes, enemigos ocultos, etc.

LUNA

Cuarto creciente: Esta es la fase de la luna más indicada para realizar rituales de fertilidad, de amor, de negocios o creación de sociedades, de éxito en los estudios... y de todo aquello que queremos incorporar a nuestra vida.

Cuarto menguante: Esta es la fase de la luna más indicada para realizar rituales que eliminen todo lo negativo que pueda existir en nuestra vida (romper una relación amorosa, deshacerse de un mal de ojo, liberarse de drogodependencias, curas de adelgazamiento...).

Nueva: Durante esta fase no se deben realizar rituales.

Llena: Durante esta fase solo se deben realizar rituales específicos.

Círculo mágico

El círculo se usa para contener energía y aislarnos. Se traza en el sentido de las agujas del reloj, con tiza blanca, sal o harina, y no debe medir más de cinco metros de diámetro. El círculo es una poderosa imagen de energía. Nos evoca el Zodiaco, el principio y el fin, el cero... Es una rueda de oración y mandala sagrada de los tibetanos.

Al trazar el círculo, nos convertimos en una esfera simbólica, como si fuéramos un planeta individual con conciencia. Para abrir el círculo es necesario hacer una invocación:

«En el nombre del Todopoderoso,
yo estoy creando este círculo con fuego blanco».

Al cerrar el círculo se deben pronunciar las siguientes palabras:

«Gracias al Todopoderoso por bendecir el círculo
con su luz. Declaro que este círculo queda abierto
y las fuerzas libres. Que así sea».

Para salir del círculo debemos movernos en el sentido de las agujas del reloj, abriendo una puerta imaginaria.

Consagración de los objetos rituales

Coloca el objeto en la mano izquierda y cúbrelo con la derecha. Sostenlo delante del plexo solar, cierra los ojos y concéntrate en la energía cósmica que entra por la coronilla y sale por el plexo solar, transmitiéndosela al objeto. Visualiza esta energía y pronuncia estas palabras:

«Que esta energía revitalizadora limpie este objeto y lo bendiga».

Haz un círculo como te he indicado y sitúate mirando al este. Coge entre tus manos el objeto que quieres consagrar y colócalo encima del iniciенso, mientras pronuncias estas palabras:

«Por los poderes del aire».

Colócate mirando al sur y realiza la misma operación sobre el fuego, diciendo:

«Por los poderes del fuego».

Mira ahora al oeste, echa unas gotas de agua, con la mano derecha, sobre el objeto a consagrar y pronuncia estas palabras:

«Esta agua te purifica».

Por último, sitúate mirando al norte, deposita el objeto en el cuenco lleno de tierra o arroz y pronuncia estas palabras:

«Por los poderes de la tierra».

Santíguate y sal del círculo como te he indicado más arriba.

Signos de apertura y cierre

Es el comienzo y final para cualquier trabajo de magia. Es necesario realizar un ritual purificador conocido con el nombre de «Cruz Cabalística». Tienes que hacer lo siguiente:

a) Tocar la frente con la mano derecha, diciendo *Ateh.*
b) Bajar la mano al pecho, diciendo *Malkuth.*
e) Tocar el hombro derecho, diciendo *Ve Geburah.*
d) Llevar la mano cruzando el cuerpo y tocar el hombro izquierdo, diciendo *Ve Gedulah.*
e) Juntar las manos sobre el pecho, diciendo *Le Olahm.* Amén.

Al inicio, hay que invocar al Poder Divino para su aprobación y ayuda. A mí particularmente me gusta «conectar» con Dios, seres iluminados o un santo especial que me transmita su sabiduría para llevar a cabo el ritual. Sin embargo, la invocación es una elección absolutamente personal.

Al finalizar da siempre las gracias por la luz transmitida y repite las palabras que se deben pronunciar al cerrar el círculo mágico.

7
Rituales con velas

Cuando encendemos una vela, algo se ilumina en nuestro interior. Al hacerlo, rasgamos el mundo de las tinieblas y nos abrimos paso en el sendero de la iluminación.

Las velas se han utilizado a lo largo de las distintas civilizaciones por motivos diversos. Nuestra infancia está ligada a ese instante mágico de nuestro cumpleaños, cuando apagábamos las velas pidiendo un deseo. Al soplar, apartamos de nuestra vida aquello que ya hemos vivido, preparándonos para iniciar un nuevo ciclo.

Vamos a utilizar el poder mágico de las velas para conseguir nuestros deseos, pero antes es necesario tener en cuenta unas cuantas advertencias sobre el uso de las velas:

- No encender velas de una forma indiscriminada y sin un objetivo concreto.
- Dejar que se consuman por completo.
- No utilizar la misma vela para objetivos diferentes.

- Encenderlas siempre con cerillas.
- La vela tiene polaridad: norte —del centro de la vela hacia arriba— y sur —del centro hacia abajo—. Cuando se «viste»* una vela, hay que hacerlo primero desde el centro hacia arriba y después desde el centro hacia abajo.
- Si no dispones de la vela del color indicado, utiliza una de color blanco.

Los colores

Blanca: Pureza, armonía... Se utiliza en sustitución de otros colores. Se invoca al arcángel Gabriel.

Naranja: Representa el Sol, el astro rey. Se utiliza para proteger la salud, para alcanzar prosperidad económica o financiera, para tener éxito en los exámenes, para protegerse de accidentes en los viajes largos... Se invoca al arcángel Miguel.

Roja: Pasión, circulación sanguínea, protección contra las intoxicaciones y accidentes, vitalidad, favorece las operaciones quirúrgicas... Es de gran ayuda para proteger a los seres queridos ante situaciones de violencia o de peligro. Se invoca al arcángel Samael.

Amarilla: Favorece las relaciones sociales, los exámenes, el comercio... Se invoca al arcángel Rafael.

Púrpura: Favorece todo lo relacionado con los asuntos legales. También nos impulsa en nuestro crecimiento y desarrollo espiritual,

* Vestir una vela es ungirla con algún aceite especial para potenciar sus efectos.

permitiéndonos contactar con entidades superiores. Su color es magnético y atrayente y nos incita a la meditación e introspección. El día más favorable para utilizarla es el jueves.

Azul celeste o rosa: Ligada al mundo de las emociones. Favorece las uniones y reconciliaciones; el amor y el desamor. Siempre equilibra y armoniza nuestros sentimientos. Las velas de estos colores siempre han sido consideradas afrodisiacas: la vela rosa atrae —es pasiva y simboliza lo femenino—, y la azul conquista —es activa y simboliza lo masculino—. Se invoca al arcángel Anael.

Verde oscuro: Simboliza la sabiduría, el triunfo y éxito profesionales, la ambición... Cuando el ser humano necesita adquirir confianza en sí mismo debe encenderla. Se invoca al arcángel Cassiel.

Los colores zodiacales

A continuación detallo las fechas que corresponden a cada signo del zodíaco. Aunque son bastante precisas, conviene recordar que el Sol no entra todos los años el mismo día en cada uno de los signos zodiacales. Por este motivo, las personas nacidas en el día del cambio deben consultar las efemérides del día de su nacimiento para precisar su signo.

SIGNO	FECHA	COLOR
Aries	21 marzo/20 abril	Rojo brillante
Tauro	21 abril/21 mayo	Verde claro
Géminis	22 mayo/21 junio	Amarillo

SIGNO	FECHA	COLOR
Cáncer	22 junio/22 julio	Verde agua
Leo	23 julio/23 agosto	Oro
Virgo	24 agosto/23 septiembre	Marrón
Libra	23 septiembre/23 octubre	Azul
Escorpio	23 octubre/21 noviembre	Rojo oscuro
Sagitario	22 noviembre/21 diciembre	Púrpura
Capricornio	22 diciembre/20 enero	Verde oscuro
Acuario	21 enero/19 febrero	Azul eléctrico
Piscis	20 febrero/20 marzo	Verde mar

AMOR

Desde el principio de los tiempos los seres humanos han intentado todo para conseguir a la persona amada. De generación en generación, se han ido pasando fórmulas secretas para enamorar. Si podemos ser felices... ¿por qué no hacer uso de estos hechizos?

Hay unas reglas de oro que nunca debes olvidar:

- Tu mente debe estar concentrada en lo que hace desde el principio del ritual.
- Elige una habitación y una hora en la que nadie te interrumpa.
- Haz una invocación —a Dios o al santo de tu devoción— al inicio del ritual.
- *Nunca* debes hablar a nadie de este hechizo. Recuérdalo, nunca.

Cómo conseguir que la persona amada piense en ti

Para realizar este ritual necesitas:

— Una foto de la persona que amas.
— Un vaso lleno con las tres cuartas partes de agua.
— Incienso (el que tú quieras).
— Tres lamparitas o una vela en la que escribas el nombre de la persona amada (con un punzón o alfiler) desde el centro de la vela hacia abajo. Esta operación se realiza los martes y viernes antes de las doce de la mañana.
— Debes conseguir algún lienzo, a ser posible blanco, para aislar el ritual del resto del mobiliario.

Mira la foto intensamente y sitúala al lado de la vela, dando la vuelta a la foto. Ahora imagina una escena con esa persona. Cierra los ojos y deja que tu mente forme imágenes de lo que te gustaría vivir con ella. No dejes de pensar en la persona amada. Por unos minutos, imagina que te está besando, que te abraza, que te dice que quiere estar contigo... Abre los ojos, coge de nuevo la foto y pronuncia estas palabras:

***«Que esta persona** —di el nombre de la persona—*
piense en mí. Solo la quiero para hacerla feliz
y amarla. Que pueda sentir pronto su presencia».

Deja que se consuma la vela. Arroja el agua a la tierra o a una maceta, y el polvo del incienso deja que se lo lleve el viento, pidiendo que le llegue a la persona amada tu deseo de amor.

Cómo recuperar el amor de una persona

Para este ritual necesitas:

— Una vela roja.
— Incienso.
— Un vaso lleno con las tres cuartas partes de agua.
— Un lazo de color rojo (aprox. 25 cm).
— Algo que haya pertenecido a la persona.

Una vez hecha la invocación, di el nombre de la persona amada y el tuyo en voz alta. A continuación, quema el incienso. Escribe en el lazo tu nombre y el de la persona que quieres retener. Haz un nudo alrededor de la vela mientras piensas intensamente en la persona amada y repites tu nombre y el suyo. Haz otro nudo. Así, hasta siete. Cada vez que realizas un nudo, imagina que le estás atrayendo hacia ti. Tu mente debe estar concentrada en el ritual Deja que la vela se consuma, junto con el lazo, y entiérrala, si puedes, cerca de su domicilio. Si esto no fuera factible, hazlo en una maceta. Sopla el incienso encima de la tierra donde lo hayas enterrado, diciendo estas palabras:

«Que** —di vuestros nombres—**se unan para ser felices
y para ayudarse en todos los momentos de la vida,
incluso en las dificultades».

Ve a un templo o a un sitio donde haya paz. Enciende una vela de cera y entrega una limosna.

Cómo retener a la persona amada

Para realizar este ritual necesitas:

— Disponer de cuarenta y cinco minutos.
— Una habitación.
— Incienso.
— Una vela rosa o blanca en la que debes escribir el nombre de la persona amada.
— Una cinta de color rojo.

Debes abrir la ventana para purificar la habitación durante diez minutos como mínimo. Ciérrala y quema el incienso. Debes ponerte de rodillas o adoptar una postura de yoga. Cierra los ojos e imagina a esa persona unida a ti. Hazlo intensamente. Ahora llámala por su nombre tres veces, diciendo:

«Ven a mí».
«Ven a mí».
«Ven a mí».

En este momento, tu mente debe visualizar a esa persona e imaginar que estáis juntos, que te besa, que te acaricia, que hacéis el amor... Cuanto más intenso sea el deseo, más te unirá a la persona amada.

Abre los ojos y enciende la vela, mirándola fijamente. Vuelve a visualizar a esa persona e imagina las imágenes que deseas que se hagan realidad. Coge la cinta roja y anúdala a tu cuerpo, diciendo: **«Este**

nudo te está atando a mí». Mira de nuevo la vela y vuelve a imaginar lo que tanto deseas. Mira el nudo y pronuncia estas palabras: **«Este nudo no dejará que te olvides de mí».**

Deja que se consuma la vela y, cuando hayas conseguido a la persona amada, quema la cinta roja y deja que las cenizas se las lleve el viento.

Cómo conseguir que el amor venga a tu vida

Este ritual debes realizarlo los martes o viernes con luna creciente. Para ello necesitas:

— Una vela de color rosa o blanco.
— Pétalos de flores blancas.
— Azahar.
— Incienso.
— Papel.
— Pluma.
— Una fotografía tuya.

Hierve el azahar y la mitad de los pétalos de flores durante tres minutos y deja que se enfríe. A continuación, escribe en el papel tu nombre tres veces, formando un triángulo, y en el centro de éste escribe la palabra *amor*. Coloca la vela encima del papel y al lado del incienso.

Recuerda que estás preparando tu cuerpo para el amor. Desnúdate y ponte unas gotas de la cocción en las zonas de tu cuerpo donde tengas pulso (muñecas, cuello...). A continuación, pronuncia estas palabras:

«Esa persona que quiero se encuentra en algún lugar y también me busca a mí».

Repítelo tres veces, e imagina que esa persona aparece, te abraza, te coge la mano y camina a tu lado.

Después escribe con la pluma la misma frase en el papel. Cúbrelo con los pétalos que habías reservado y enciende la vela y el incienso. Una vez que se haya consumido la vela, guarda el papel y los pétalos en una cajita, junto a una fotografía tuya. El amor llamará a tu puerta.

Si ya conoces a la persona no olvides el efecto de la telepatía. Mientras dure el ritual piensa intensamente en la persona amada y repite su nombre en voz alta una y otra vez.

Cómo avivar el amor

Cuando observes que la pasión comienza a decaer no permitas que la incertidumbre y el temor se apoderen de ti y puedan destruir tu relación. Este sencillo ritual te ayudará a avivar la pasión y el deseo.

Debes realizarlo con luna creciente y antes del mediodía. Para ello necesitas:

— Dos fotografías: una tuya y otra de tu pareja.
— Una vela de color rojo en la que escribirás vuestros nombres del centro de la vela hacia abajo.

— Incienso.
— Cerillas de madera.

Coloca la foto de tu pareja en el centro de la mesa donde vayas a realizar el ritual. Mírala intensamente y pronuncia su nombre tres veces. A continuación coloca tu foto encima de la suya, de forma que los rostros se encuentren. Enciende la vela y el incienso,y pronuncia en voz alta estas palabras:

«Que el fuego de estas velas encienda la pasión
de *—nombre de la persona amada—* ***por mí».***

Repite estas palabras nueve veces, mientras miras intensamente la llama de la vela. Cierra los ojos y visualiza un punto de luz en tu entrecejo; míralo fijamente. Imagina que esa persona no puede vivir sin estar a tu lado, que te desea, que te ama... Fúndete con ella en un abrazo. Abre lentamente los ojos y mira de nuevo a la llama de la vela. Da gracias a Dios o a las fuerzas de la naturaleza por haberte escuchado.

Cómo olvidar un amor (1)

Antes de iniciar cualquir ritual para romper una relación, debes estar convencido de que quieres separarte de esa persona y de que ya no tienes nada que compartir con ella. Solo desde esta convicción se puede iniciar un camino diferente.

Debes realizar este ritual a la hora del crepúsculo, con la luna menguante. Para ello necesitas:

— Una foto de la persona a la que quieres olvidar.
— Cerillas.
— Una cajita.
— Incienso.
— Papel.
— Pluma.

Coloca la fotografía en el centro de la mesa donde vas a realizar el ritual (si no tienes una fotografía de la persona a la que quieres olvidar, escribe su nombre en un papel y colócalo en el centro de la mesa). Enciende la vela y el incienso. Mira intensamente la llama de la vela hasta que entres en un estado de relajación y pronuncia estas palabras:

***«Que** —nombre de la persona— **se aparte de mi vida, que no perturbe mi pensamiento y que yo pueda volver a ser libre, rompiendo las cadenas que me unen a** —nombre de la persona—».*

Visualiza una luz que sale de tu corazón y envuelve a la persona que deseas olvidar. Lentamente, aparta esa luz de tu vida e imagina que desaparece de tu camino. Respira profundamente y escribe tres veces en un papel lo siguiente:

«He conseguido apartar a** —nombre de la persona— **de mi vida y ahora camino relajado y feliz. La vida me ofrece nuevas oportunidades y yo estoy abierto a ellas. Me libero de mi pasado. Soy libre».

Deja que se consuma la vela y guarda el papel en la cajita. Hasta que hayas conseguido olvidar, léelo siempre que lo necesites. Cuando esto ocurra, quema el papel, deja que las cenizas se las lleve el viento y da gracias a Dios por haberte escuchado.

Cómo olvidar un amor (2)

El siguiente ritual consiste en una visualización que deberás realizar todas las veces que te sea posible. Solo necesitas encender una vela blanca.

Enciende la vela y mira fijamente su llama. Inspira profundamente y cierra los ojos.

Imagina que un rayo de un color azul intenso entra por tu coronilla y recorre tu cuerpo, saliendo por la planta de los pies, envolviéndote, revitalizándote y relajándote. Imagina ahora, enfrente de ti, a la persona que quieres olvidar. Percibe las emociones que te produce: sufrimiento, furia, venganza, ira, celos... Imagina estas emociones como cadenas que te detienen, como ataduras que te impiden avanzar. Siente esas cadenas alrededor de tu cuerpo, sofocándote, paralizándote...

Inspira profundamente. Imagina, ahora, un rayo de color rojo que entra por tu coronilla, recorre tu cuerpo, fortaleciéndolo, vitalizándolo, y sale por tus pies, y envuelve las cadenas de emociones negativas, una a una, en una especie de burbuja, y lánzalo fuera de ti. Lentamente, a medida que apartas de ti tus miedos, tu furia, tu apego, te irás encontrando más ligero. Inspira profundamente y visualiza ahora un rayo de color verde que envuelve tu cuerpo por completo. Tu aura queda limpia y tu mente preparada para un nuevo encuentro con otro ser que vibre en tu mismo nivel de evolución. Sal lentamente de la relajación, abre los ojos y mira fijamente la llama de la vela, sintiéndote liberado del pasado.

Cómo conseguir que alguien deje de perturbarte

Escribe su nombre en un papel con tinta negra (nunca con bolígrafo o lápiz, sino con pluma). Enciende una vela y quema el papel. Visualiza que la persona se aparta de ti y pronuncia estas palabras:

«Me libero de las cadenas que me ataban a
—nombre de la persona que te perturba—. ***Que su corazón***
y el mío se encuentren de nuevo libres
para buscar otros caminos que les conduzcan
a un nuevo amor. Te deseo *—nombre de la persona—*
la felicidad y ninguna clase de dolor, pero te pido
que no me perturbes más».

Deja que las cenizas se las lleve el viento.

Cómo conseguir la fidelidad

Según una tradición hindú, si quemas una varita de incienso de sándalo y la sostienes con la mano izquierda sin que se caiga la ceniza durante tres minutos, tu amante te es fiel. En caso contrario, puede ser un indicio de infidelidad. Si tienes dudas, realiza este ritual, para el que necesitas:

— Una vela de color rojo o blanco.
— Una cinta roja de 13 centímetros.
— Incienso.
— Un saquito rojo de seda.
— Algo que haya usado la persona (un trocito de un pañuelo de papel, un trozo de uña, tres pelos, el papel de un cigarrillo, un pedacito de su camisa, etc.).
— Pétalos de rosa secos.
— Un anillo de plata.
— Una fotografía tuya y otra de tu pareja en las que se os vean los ojos.

En la mesa donde vayas a realizar el ritual, coloca tu fotografía y la de la otra persona juntas, con los rostros unidos. Pon en un platito los pétalos de rosa secos, el anillo y algo que haya usado tu pareja. Sitúate mirando hacia el este y quema el incienso.

Mira tu fotografía y la suya intensamente. A continuación, júntalas y déjalas unidas. Coge el platito, elévalo y, mirando hacia el este, pronuncia estas palabras:

«A ti, arcángel Rafael, que custodias esta esquina
del mundo, haz que *—nombre de tu pareja—*
desde que sale el sol piense en mí».

Mira ahora hacia el sur y pronuncia estas palabras:

***«A ti, arcángel Miguel, que custodias
el elemento fuego, haz que nuestro amor se avive
cada día y no permitas que nos falte la pasión».***

Mira hacia el oeste diciendo:

***«Arcángel Gabriel, tú que gobiernas
el elemento agua, haz que nuestras emociones
se mantengan puras y, antes de que se oculte el sol,
haz que nuestro amor sea eterno».***

Por último, mira hacia el norte y pronuncia estas palabras:

***«Tú, Uriel, haz que la tierra nutra nuestro amor.
Que lo haga firme y duradero».***

Anuda la cinta alrededor de la vela, en la que previamente has escrito tu nombre y el suyo. Haz siete nudos. Mientras realizas esta operación, debes estar muy concentrado. Cada vez que realices un nudo, debes pronunciar estas palabras:

***«Que** —nombre de la persona— **y** —tu nombre—
**permanezcan unidos para vivir un amor puro
y ayudarse mutuamente».***

Al llegar al séptimo nudo, mete la cinta por el anillo, diciendo:

Disposición de distintos elementos rituales en el círculo de sal.

«Este anillo simboliza nuestra unión. Que nadie destruya lo que nosotros estamos creando».

Enciende la vela y mira intensamente la llama, mientras visualizas que ambos caminéis por un sendero lleno de luz que os envuelve y protege. Cuando se haya consumido la vela, mete en el saquito los pétalos de rosa, la cinta con el anillo, la cera que se haya derramado y lo que haya pertenecido a la persona. Coge el saquito entre tus manos para que se impregne de tus vibraciones y pronuncia estas palabras:

«Que los poderes del aire, del fuego, del agua y de la tierra me ayuden a conservar intacto mi amor».

La bolsita debe permanecer contigo o cerca de ti. Al menos dos veces al día, cógela entre tus manos y establece una comunicación mental con la persona que amas. Conseguirás que solo piense en ti.

Cómo aparecer en los sueños de la persona amada

Para realizar este ritual es necesario que estés muy concentrado y tranquilo. Se realiza solo por la noche. Necesitas lo siguiente:

— Incienso de sándalo.
— Un espejo.
— Una fotografía de la otra persona y otra tuya.
— Una astilla de siete centímetros (como los palos de los bombones helados).
— Un pañuelo de seda de color blanco, rosa o rojo.
— Una vela de color marrón o rosa.
— Algodón en rama, perfume y alcohol.
— Un cuenco de latón en el que se pueda hacer fuego.
— Tierra.
— Piedras blancas que *tú* hayas recogido.
— Cerillas.

Preparación

Coloca las piedras en forma de triángulo. Sitúa en el centro de este un cuenco con tierra. Empapa el algodón con alcohol y con unas gotas de tu perfume favorito.

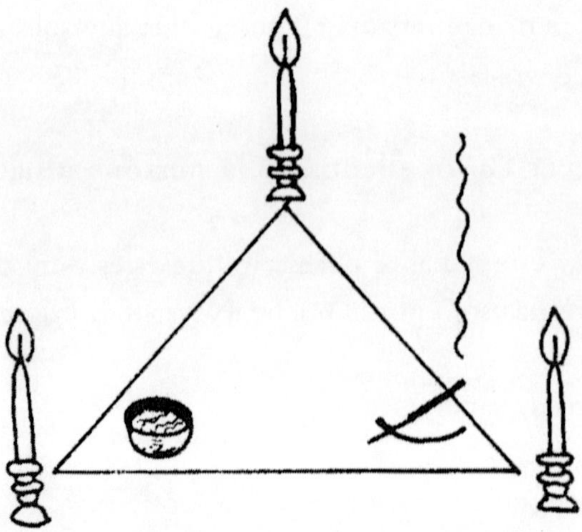

A continuación, extiende el pañuelo y coloca encima el espejo. Escribe tu nombre y el suyo —del centro hacia abajo— en la vela. Luego, enciende el incienso, aspira su aroma y entra en un estado de serenidad y paz.

Quema el algodón y enciende la vela, mientras pronuncias estas palabras:

«Por los poderes del fuego, que se me otorgue fuerza para hacer llegar mi deseo a** —nombre de la persona amada—**».

Ahora, muy lentamente, acerca tu cara a la mesa y mírate en el espejo mientras piensas que la imagen que ves reflejada en él se la estás enviando a esa persona. Coge su foto y mírala a través del espejo. Durante algunos minutos deja que se mezclen tu imagen y la suya, mientras dices:

«Que** —nombre de la persona— **piense en mí».
«Que** —nombre de la persona— **sueñe conmigo».

Imagina situaciones amorosas que te gustaría vivir con esa persona. Cuanto más intensos sean tus pensamientos, más fuerza estás enviando.

Deja que se consuma la vela. Guarda en el pañuelo el espejo y las dos fotografías (colocadas frente a frente) y déjalo esa noche al lado de tu cama. Comprobarás muy pronto los resultados. Que tengas mucha suerte.

Cómo recuperar la potencia sexual

Este ritual debes realizarlo durante tres días seguidos, iniciándolo siempre un martes o un viernes, antes del crepúsculo. Necesitas lo siguiente:

— Polvos de talco y canela en polvo.
— Una vela de color rojo.
— Vainilla entera o concentrada.
— Aceite de pachulí.

— Esencia de jazmín.
— Una piedra purificada* (granate o jaspe rojo).
— Un cordón de color rojo.
— Bicarbonato.
— Albahaca y orégano.
— Un saquito.

Preparación

Durante nueve minutos, cuece en medio litro de agua albahaca, orégano y una cucharadita de bicarbonato. A continuación, prepara una mezcla con una cucharadita de canela en polvo y polvos de talco.

Dúchate o date un baño con un jabón neutro. Cuando te hayas secado, comienza el baño ritual de purificación. Llena la bañera con agua caliente y añádele un kilo de sal marina y el agua en la que has cocido la albahaca, el orégano y el bicarbonato. Cuando esté todo disuelto, date un baño durante al menos nueve minutos y realiza la siguiente visualización:

Cierra los ojos e inspira profundamente, dejándote llevar por una sensación de paz y tranquilidad. Aquieta tu mente e imagina una línea enfrente de ti, colocando en ella todos los sentimientos que te invaden y que te crees incapaz de superar: miedo, inseguridad, angustia...

* Enciende la vela. Durante cuarenta y ocho horas, sumerge la piedra en agua y sal marina, a ser posible en algún lugar donde pueda ser bañada por el sol y la luna. Si vives en algún lugar donde haya cerca un río o manantial, puedes purificarla allí: sostenla entre tus manos e imagina que el agua la limpia de toda impureza.

Inspira de nuevo profundamente y toma la decisión de traspasar esa línea cargada con todas tus angustias. Aunque el miedo y el temor se apoderen de ti, serás capaz de hacerlo. Ve lentamente hacia ella, cada vez estás más cerca. *Ahora,* da ese paso definitivo y deja atrás esos sentimientos que te han paralizado y encadenado.

Imagina que un rayo de luz roja entra por tu coronilla y recorre tu cuerpo, deteniéndose en tus genitales, envolviéndolos con su luz roja y aportándote fuerza y vigor. Concentra tus energías en esa parte de tu cuerpo para que recupere su equilibrio. A continuación, dirige esa energía a tu corazón. Haz fluir la energía varias veces (te sorprenderán las percepciones que surgirán de tu cuerpo). Sigue visualizando, durante unos instantes, la luz roja envolviéndote y revitalizándote.

Inspira profundamente y mueve con lentitud los dedos de los pies, de las manos, las caderas, las piernas... Abre lentamente los ojos, quedándote con las sensaciones percibidas.

Sal de la bañera y seca tu cuerpo. En las zonas donde hay pulso (muñecas, cuello...), date un toque con un poco de la mezcla de la canela y los polvos de talco. En el saquito, coloca la piedra, la vainilla, una gotas de esencia de jazmín y una gota de aceite de pachulí. Cierra el saquito con un trocito del cordón rojo, y el resto del cordón anúdalo a tu cintura. Guarda el saquito en tu bolsillo y procura tocarlo varias veces al día.

Repite la misma operación durante los dos días siguientes. El tercer día, quítate el cordón y depositálo en el saquito.

TRABAJO

Cómo conseguirlo

Antes de comenzar este ritual, debes concentrarte intensamente en el deseo de encontrar trabajo. Si sabes el trabajo que quieres realizar, imagina que estás en un ambiente cálido donde puedes desarrollar todo el potencial que llevas dentro. No existe razón alguna para no tener dinero: te mereces abundancia y comodidad; tú y todos aquellos que dependen de ti. Conserva estas imágenes en tu mente y realiza el siguiente ritual un martes con la luna en fase creciente. Para ello necesitas:

— Una habitación tranquila.
— Una vela de color verde.
— Una fotografía tuya.
— Un manojito de hierbabuena seca.
— Un pedazo de papel blanco o pergamino.
— Una pluma, nunca lápiz ni bolígrafo.

Escribe en el papel tu deseo: **«Yo quiero encontrar trabajo».** Cubre el papel con hierbabuena, mientras dices:

«Yo me merezco un trabajo en el que pueda desarrollar todo lo que llevo dentro. No acepto las privaciones ni la pobreza. Yo puedo trabajar, estoy sano y conseguiré lo que quiero».

Visualiza de nuevo el sitio donde te gustaría trabajar, la actividad que quieres realizar. Cierra los ojos y permanece unos instantes concentrado en ese pensamiento. Abre los ojos y coloca tu fotografía al lado de la vela, enciende esta —con una cerilla— y mira intensamente la llama y tu foto, alternativamente. Cierra de nuevo los ojos y visualiza una pequeña llama en tu entrecejo, mientras pronuncias las siguientes palabras:

«Quiero un trabajo. Voy a conseguirlo.
Yo lo merezco».

Abre los ojos y deja que se consuma la vela. Debes realizar esta operación todos los martes, hasta que encuentres trabajo. Que tengas mucha suerte.

Cómo cambiar de actividad

Si estás esperando una llamada para comenzar un trabajo nuevo o si necesitas cambiar de actividad porque la actual no te motiva, realiza el siguiente ritual. Para ello necesitas:

— Dos cristales transparentes.
— Un papel.
— Una pluma.
— Una cucharilla.
— Laurel.
— Una vela de color verde.

Si puedes, realiza este ritual una noche con luna llena, ya que el plenilunio impulsa los conjuros. Debes estar solo y con unas condiciones atmosféricas favorables.

Elige un lugar que te motive (un lago, un río, un parque, la orilla del mar...) y cava un pequeño agujero —a ser posible cerca del agua— con la cucharilla. Escribe tu deseo en el papel y fírmalo con tu nombre. Colócalo entre los dos cristales y léelo en voz alta siete veces, mientras visualizas el trabajo que quieres realizar.

A continuación, entierra los dos cristales y cúbrelos con el laurel, que previamente has tenido en tus manos. Recuerda que el laurel simboliza el éxito. Tu pensamiento debe ser muy positivo: sabes a ciencia cierta que vas a encontrar un trabajo, que el elemento tierra está acogiendo en sus entrañas tu deseo.

Después, cubre el agujero con la tierra y dibuja sobre él una cruz con el dedo índice. Al llegar a casa, enciende la vela verde con la seguridad de que vas a conseguir un trabajo porque lo mereces.

NEGOCIOS

Cómo conseguir el éxito

Ritual para atraer la clientela a un local o negocio, o incluso a vuestra propia casa. Se necesita lo siguiente:

- — Flores blancas en número impar; es decir, tres, cinco, siete, nueve u once (nunca más de este último número).
- — Carbón vegetal.

— Mirra y romero.
— Tres pastillas de alcanfor colocadas en las esquinas de la habitación.
— Una vela de color verde.

Este ritual debe realizarse un martes y, a ser posible, con la luna en cuarto creciente.

Ve a una habitación donde estés tranquilo. Sitúate en el centro de la misma y quema el carbón vegetal con alcohol. Añade, cuando la brasa esté muy roja, la mirra y el romero. Esto se debe hacer en un incensario especial, ya que de lo contrario puede estallar el recipiente. Cuando humee, llévala por todos los rincones del local, del negocio o de tu propia casa, pronunciando estas palabras:

«Que este humo absorba las malas energías para que la suerte venga a este lugar».

Repítelas en cada uno de los rincones de la casa o local. A continuación, regresa al centro de la habitación; enciende la vela verde y pronuncia estas palabras:

«Todo lo que yo emprendo es un éxito. Yo atraigo, como un imán, la suerte y el dinero».

Cierra los ojos e imagina que tu local o negocio marcha viento en popa y que nunca te va a faltar el dinero. Quédate con este pensamiento.

A continuación, abre los ojos, mira fijamente la vela y coge tres pétalos de las flores que has colocado al lado de la vela. Guárdalas en un saquito confeccionado por ti (la tela preferentemente debe ser de algodón; un trocito de sábana, por ejemplo). Deja el saquito en el local, en el negocio o en tu casa. Te garantizará el éxito de la operación que has realizado.

SALUD

Cada vez que enfermamos, opera en nosotros una sensación de impotencia y frustración que no podemos superar. En mi opinión, muchas enfermedades obedecen a estados de alteración que somatizamos con una disfunción orgánica. De sobra es sabido que los disgustos producen úlceras de estómago; que el estrés afecta al corazón; que la caída del cabello puede ser debida a un estado de agotamiento...

En primer lugar, debemos ponernos en orden con nosotros mismos y tener pensamientos positivos. Vamos a amarnos y a apreciar nuestro cuerpo por encima de todo. Cada día debe ser para ti algo nuevo y lleno de esperanza, que no tiene por qué guardar relación con el día anterior. Tu cuerpo es un reflejo de tu pensamiento. Si equilibramos las energías, todo funcionará mejor. Una actitud positiva ante la enfermedad supone una curación rápida. Vamos a ayudarnos con los siguientes rituales.

Cómo mantenerla

— Una fotografía tuya de cuerpo entero.
— Una vela blanca en la que hayas escrito, desde el centro de la vela hacia abajo, tu nombre. Puedes escribirlo con un alfiler, por ejemplo.

— Dos ramas de olivo.
— Un pañuelo.
— Alcohol de quemar.

Sitúa la fotografía al lado de la vela. Enciende la vela (siempre con cerillas) y coloca las ramas de olivo, dispuestas en forma de cruz, encima de la fotografía. Mira intensamente esta, e imagínate lleno de salud y vitalidad. Permanece así durante algunos minutos. Con ese pensamiento envuelve la fotografía, junto con la rama de olivo, en un pañuelo que hayas tenido cerca del cuello. Guárdalo todo en un cajón donde nadie pueda tocarlo. Debe estar oculto tres días.

Cada noche, al acostarte, imagina que estás envuelto en algo que te protege de todo mal, y que nada ni nadie podrá contra ti. Desenvuelve la fotografía, mírala intensamente y envuélvela de nuevo. Vuelve a imaginar que estás protegido y que nadie ni nada puede hacerte daño. Duerme en paz y no dejes que ninguna noticia negativa pueda perturbarte ni alterar tu equilibrio y tu paz.

Pasados los tres días, abre el pañuelo. Quema el olivo con alcohol y deja que el viento se lleve las cenizas.

Cómo recuperarla

El cuerpo refleja nuestro estado de ánimo, nuestro mundo interior. Siente la enfermedad como un paréntesis en tu vida. Desde ahora sabes que vas a sanar, que vas a recobrar la salud. Con ese pensamiento positivo inicia el siguiente ritual, para el que necesitas:

— Una habitación donde nadie te perturbe.
— Un vaso con agua.
— Un espejo.
— Una fotografía tuya de un momento en el que estabas sano.
— Una vela de color blanco.
— Una infusión de poleo menta.
— Ropa limpia o nueva que sirva para purificar tu cuerpo.
— Una ramita de olivo o romero.

Este ritual puede realizarse cualquier día de la semana. Siempre al amanecer o al anochecer, durante tres días consecutivos, preferiblemente con la luna en fase de cuarto menguante.

Ve a la habitación y ponte la ropa limpia, a ser posible de colores claros, nunca de color negro. Bebe la infusión pronunciando estas palabras:

«Bebo esta hierba para aliviar mi dolor».

Mientras bebes lentamente la infusión, imagina que el líquido recorre tu cuerpo arrastrando el dolor y la enfermedad. A continuación, siéntate y coloca delante de ti el vaso con el agua, el espejo y tu foto. Coge el espejo y mira intensamente tu imagen. Mira al fondo de tus ojos e imagina que tu enfermedad, tu angustia, tu dolor... se los traspasas a la imagen proyectada en el espejo. Líberate de tu dolor, de tus miedos, de tu tristeza... Mira de nuevo la fotografía. Así vas a estar dentro de muy poco tiempo, sano y feliz. Haz una inspiración profunda. Al espirar, imagina que te estás liberando de todo el dolor que llevas dentro. Inspira de nuevo profundamente y, al soltar el aire, medita sobre el mismo pensamiento: estás arrojando todo el dolor y la enfermedad. Inspira por tercera vez. Ahora gozas de un estado de paz y tranquilidad. Enciende la vela con una cerilla; haz una invocación a Dios, a los elementos o al santo de tu devoción, pidiéndole que equilibre tu cuerpo y alma.

En este momento debes tener pensamientos altruistas, imaginando que cuando recobres la salud ayudarás a quien lo necesite. Incluso piensa que debes sanar porque hay alguien que te necesita, que precisa tu ayuda.

Coloca la ramita de olivo o romero junto a la vela. Coge la foto y pronuncia estas palabras:

«Vuelvo a estar sano y feliz».

Repítelo tres veces. Con este pensamiento positivo vas a mejorar tu salud.

Cómo ayudar a una persona enferma

— Romero.
— Hilo blanco.
— Una fotografía.
— Una vela blanca.
— Un trocito de papel.

Coloca las dos ramitas de romero en forma de cruz y sujétalas con un hilo de color blanco. Sitúala debajo de la cama de la persona enferma. Consigue una fotografía suya. Si no puedes, escribe su nombre en un papel y enciende una vela de color blanco. Concéntrate en la llama de la vela e imagina a esa persona sana y con unas enormes ganas de vivir. Tu pensamiento es muy importante. A continuación pronuncia estas palabras:

«Que** —nombre de la persona— **recobre su fuerza,
su energía, y pueda realizar su misión en este mundo
con salud y vitalidad. Que la enfermedad
no paralice sus acciones».

Cierra los ojos y concéntrate con fuerza en esa persona. Si la enfermedad está relacionada con problemas circulatorios, la vela debe ser de color rojo. (Por lo demás, el ritual es el mismo).

Cómo superar un desequilibrio emocional

Si padeces un desequilibrio emocional motivado por alguna persona, necesitas lo siguiente para realizar este ritual:

— Una vela de color naranja.
— Una habitación tranquila o algún lugar cercano a un río o a un manantial.
— Papel.

— Una pluma.
— Una botellita de agua envasada a la que le has añadido una cucharadita de azúcar morena.

Enciende la vela y escribe en el papel todo lo que le dirías a la persona que te está perturbando. Cuando termines, léelo en voz alta tres veces e imagina que le estás hablando a esa persona y que nunca más volverá a perturbarte. Quema el papel y sopla las cenizas lejos de ti, mientras piensas que ya nadie podrá perturbar tu equilibrio.

A continuación, bebe a pequeños sorbos el agua azucarada y adopta una actitud compasiva hacia esa persona para que modifique su conducta. Ese pensamiento debe acompañarte cada vez que sientas que alguien intenta desequilibrarte.

Cómo aumentar la belleza

A veces, estamos en desacuerdo con nuestro aspecto físico. Nuestro cuerpo nos parece demasiado gordo o demasiado delgado. Al no aceptarnos a nosotros mismos, creamos una barrera que impide que los demás nos amen y nos acepten. La clave está en amarse a uno mismo. Cuando tú te ames y te aceptes tal como eres irradiarás una luz especial que atraerá como un imán el amor y la aprobación de los demás.

Recuerda que dentro de ti hay una luz divina y que tu cuerpo solo es un «envoltorio» sometido a los procesos de enfermedad y envejecimiento que no alteran tu interior. El siguiente ritual debes realizarlo un domingo con la luna en cuarto menguante. Para ello necesitas:

— Un trocito de cuarzo, que debes descargar previamente introduciéndolo en agua y sal durante media hora.
— Tres flores blancas.
— Sal gorda.
— Una foto de cuerpo entero.
— Una vela de color blanco.
— Un trapito de color blanco.
— Incienso o romero.

La noche anterior a la realización del ritual, coloca el cuarzo debajo de la almohada. A la salida del sol, enciende la vela de color blanco. A la caída de la tarde, sitúate mirando hacia el oeste, es decir, por donde se pone el sol, y, cuando la luz desaparezca, pronuncia estas palabras:

«Me siento lleno de amor y de afecto; me acepto tal como soy, liberándome de angustias y de complejos».

Cierra los ojos y pídele al Sol que arrastre con su energía tu angustia, tu desolación, tus males...

Mira intensamente tu fotografía, deteniendo tu mirada en las partes de tu cuerpo que desapruebas. A continuación, posa tus manos en esas partes. Siente tu piel, tu calor... y comienza a aceptarte sin reservas. Mantente así unos instantes. Si puedes, báñate esa noche y añade al agua la sal gorda y los pétalos de las flores blancas. Si no pudieras bañarte, cubre la foto con los pétalos y envuélvela en un trapito de color blanco. Cada mañana y cada noche mira intensamente la foto, hasta que te sientas bien contigo mismo.

SUERTE

Éxito en los exámenes

Necesitas lo siguiente:

— Pétalos de flores blancas.
— Una vela de color amarillo.
— Una fotografía de la persona que se vaya a examinar.
— Tres hojas de laurel.

La noche anterior al examen, date un baño e incorpora al agua los pétalos de flores blancas. El día del examen, enciende la vela, mira fijamente su llama y pronuncia estas palabras:

«Invoco al arcángel Rafael para que el fuego de esta vela avive mi inteligencia y mi memoria».

Imagina ahora que el examen ha sido un éxito y que sales contento y satisfecho. Coloca tu foto al lado de la llama de la vela y cúbrela con las tres hojas de laurel.

Asimismo, suele dar muy buenos resultados invocar, durante el examen, a alguien que haya sido un genio de la materia de la que te examinas para que sus cualidades se manifiesten en ti.

Suerte en los juegos de azar

Coloca varias ramitas de perejil en dos o tres floreritos. Una vez seco, mézclalo con tres hojas de laurel y mételo en un saquito, que previamente has confeccionado tú. Enciende una vela de color verde y sitúa el saquito a su lado hasta que la vela se consuma. Llévala contigo para atraer la suerte.

HOGAR

Cómo conseguir la armonía

Debes realizar esta operación un martes con la luna en fase menguante. Necesitas lo siguiente:

— Agua bendita.
— Romero o incienso de sándalo.
— Sal gorda.
— Una vela blanca.

Abre las ventanas de la casa durante tres, seis o nueve minutos. Enciende la vela y pide a Dios o al cosmos que la luz verdadera ilumine a todos los seres que habitan en la casa. Quema el incienso o el romero y llévalo por todas las habitaciones, mientras rezas una oración. Al llegar a la puerta de entrada, santíguate y coloca la sal gorda debajo del felpudo.

Cómo evitar las rivalidades

Para realizar este ritual necesitas lo siguiente:

— Una vela de color amarillo.
— Fotografías de los rivales.
— Una cinta de color blanco.
— Una caja.
— Incienso.

Quema el incienso y enciende la vela. Mira las fotos de las personas que quieres unir y visualiza cómo un rayo de luz de color amarillo las envuelve, arrastrando todos los malentendidos y conflictos. A continuación, repite la palabra PAZ y los nombres de las personas. Anuda las fotos con la cinta blanca y guárdalas dentro de la caja.

Cómo conseguir que no falte el dinero

Para conseguir este fin puedes realizar uno de los dos siguientes rituales:

Ritual 1

Un martes debes comprar un vaso de cristal blanco sin ningún tipo de dibujo. Sumérgelo durante diez minutos en agua y sal. Sécalo y llénalo de agua. Colócalo encima de un plato mediano. Llena el plato de monedas (si tienes de varios países, mejor) y colócalo lo más cercano posible a la puerta de entrada de tu casa (dentro de ésta, no fuera).

Mientras preparas todo esto, tu mente debe imaginar cómo el dinero viene de una forma inesperada a tu casa. Recuerda: siempre debes mantener el vaso lleno de agua.

Ritual 2

Necesitas lo siguiente:

— Un billete de curso legal.
— Un espejo.
— Una vela de color verde.

Enciende la vela con una cerilla. Mira la llama e imagina que viene mucho dinero a tu casa; que vas a poder pagar las deudas contraídas; que vas a poder comprar todo aquello que deseas...

Cierra los ojos y piensa qué vas a hacer con el dinero cuando lo tengas. Deja a tu mente elaborar imágenes. Permanece así durante un tiempo. Ahora, abre los ojos; coge el espejo y deja que se refleje en él el billete. Fija en tu mente esa imagen y pronuncia las siguientes palabras:

«De la misma forma que el espejo reproduce el dinero, que este se reproduzca en mi hogar y que no me falte».

Ve a un templo o cerca de un río; entrega una limosna y vuelve a casa. Deja que la vela se consuma. Este ritual solo debe hacerse los martes.

8
Rituales con flores y hierbas

Desde la Antigüedad, los seres humanos han sido conscientes del poder que ejercen las plantas aromáticas sobre su mente, su cuerpo y sus emociones. Se han utilizado en ritos religiosos y mágicos para agradar a los dioses, para despertar la conciencia psíquica...

Actualmente, la aromaterapia holística se está convirtiendo en una alternativa para las personas que rechazan la medicina tradicional.

La magia con flores y hierbas se ha practicado desde la Antigüedad, cuando el hombre se dedicaba a cazar y la mujer se quedaba en casa recolectando y utilizando las hierbas y plantas para sanar enfermedades y conseguir el amor. Esta sabiduría se transmitía de madres a hijas. De hecho, cualquier jovencita casadera no dudaba en llevar a la práctica sus conocimientos mágicos para atraer a la persona amada.

El olor de las flores y las hierbas aromáticas actúa en el plano de las emociones y puede producir cambios sustanciales en la vida. Aspirando el aroma del incienso, por ejemplo, podemos entrar en contacto espiritual con la divinidad; el olor a pino ayuda a que nos sintamos sanos y saludables; el olor a rosas nos prepara para el amor...

A continuación, voy a enumerar las propiedades de algunas plantas, pero antes quiero que recuerdes que, ante todo, debes dejarte guiar por tu intuición. Si te digo, por ejemplo, que el azahar es favorable para el amor, y a ti, sin embargo, te parece dulzón y pesado, es preferible que no hagas magia con él, ya que los resultados serían negativos. Siempre debes estar en armonía con los aromas que utilices.

- AJO: Protección contra el mal de ojo.
- ALBAHACA: Prosperidad económica, dinero.
- ANÍS ESTRELLADO: Paz, relax, despertar de la conciencia psíquica.
- ARTEMISA: Sueños premonitorios, clarividencia.
- AZAFRÁN: Estimulación física, dinero.
- AZAHAR: Amor, sexo.
- AZUCENA: Olvido de problemas sentimentales. Paz.
- CAFÉ: Estímulo mental, despertar intelectual.
- CANELA: Afrodisíaco.
- CARDAMOMO: Sexo, pasión.
- CLAVEL: Energía mágica, enfermedades.
  Blanco: paz, purificación.
  Rojo: pasión, sexo.
  Amarillo: estímulo intelectual.
  Rosa: desaparición de las desavenencias.
- CLAVO: Protección contra maleficios.
- COMINO: Protección contra hechizos.
- EUCALIPTO: Salud, curaciones.
- GERANIO: Felicidad, protección, limpieza psíquica.

- HIERBABUENA: Prosperidad, dinero.
- HIERBA LUISA: Amor, purificación.
- HINOJO: Longevidad.
- INCIENSO: Espiritualidad.
- JACINTO: Superación de las penas de amor.
- JAZMÍN: Sueños proféticos, sexualidad.
- LAUREL: Éxito, fama.
- LILAS: Amor, purificación.
- LIMÓN: Salud, purificación.
- LIRIO: Amor, favorecer la memoria.
- MADRESELVA: Favorece los regímenes y ayuda a liberarse de drogodependencias.
- MAGNOLIA: Amor.
- MANZANO: Amor, felicidad.
- MENTA: Protección mientras duermes, combate los celos.
- MENTA PIPERITA: Purificación.
- MIMOSA: Sueños premonitorios, amor.
- NARANJA: Alegrías, amor.
- NARCISO: Amor.
- NARDO: Amor.
- NENÚFAR: Felicidad.
- NUEZ MOSCADA: Dinero.
- PACHULÍ: Dinero, sexo.
- PEREJIL: Protección.
- PIMIENTA NEGRA: Protección, valor.
- PINO: Salud, curación.
- RETAMA: Protección de lugares.

- ROMERO: Purificación, longevidad, prosperidad.
- ROSA: Amor.
  Roja: pasión.
  Amarilla: compromisos.
  Blanca: amor espiritual.
  Rosa: paz y bienestar.
- SALVIA: Dinero.
- SÁNDALO: Espiritualidad, curación, paz. Estimulación de la sexualidad.
- TOMILLO: Salud. Infunde valor. Elimina las pesadillas.
- VAINILLA: Sexo.

Si adquieres las hierbas secas en algún establecimiento, debes someterlas a un proceso de consagración y ritualización para que tengan los efectos mágicos deseados. El proceso es el siguiente:

Deposita las hierbas en un recipiente y coloca éste encima de una mesa. A su lado, pon una copa con agua, un cuenco con tierra, una vela blanca y una varita de incienso.

		ESTE		
		5		
NORTE	2	1	4	SUR
		3		
		OESTE		

1 HIERBAS 2 TIERRA 3 AGUA
4 VELA 5 INCIENSO

Sitúate mirando hacia el este, coge el recipiente, pásalo por el incienso y pronuncia estas palabras:

«Por los poderes del aire».

Sitúate mirando hacia el sur, pasa el recipiente por la vela y pronuncia estas palabras:

«Por los poderes del fuego».

Sitúate mirando hacia el oeste, echa unas gotas de agua y pronuncia estas palabras:

«Por los poderes del agua».

Sitúate mirando hacia el norte, deposita el recipiente encima de la mesa y pronuncia estas palabras:

«Por los poderes de la tierra os invoco para que purifiquéis y hagáis que los poderes mágicos de estas hierbas se conserven intactos».

Da gracias a las fuerzas de la naturaleza y deja las hierbas en el recipiente hasta que la vela se haya consumido. A continuación, guárdalas en un frasco de cristal o cerámica. Arroja el agua de la copa y la tierra a una maceta. Sopla las cenizas del incienso para que se las lleve el aire, que es su elemento. Con estas hierbas puedes hacer saquitos de protección, de amor, de prosperidad...

Realización de los saquitos

La tela debe ser de algodón, seda, lino... Nunca fibras artificiales. Introduce dentro del saquito las hierbas secas, ya consagradas, y colócalo entre la sábana y el colchón o debajo de tu almohada durante una noche para que se impregne de tus vibraciones. En lo sucesivo, puedes llevarlo contigo o dejarlo en un lugar cercano a donde tú duermes. Conviene cogerlo con las manos varias veces al día y pensar intensamente en lo que quieres conseguir.

Ritual para atraer el amor

Necesitas lo siguiente:

— Una cinta de 0,20 centímetros de color rojo.
— Una vela roja o blanca.
— Incienso.
— Una copa con agua.
— Un platito con arroz o tierra.
— Hierbas secas: azahar, cardamomo, hierba Luisa, rosas secas (pétalos), vainilla.

Preparación

Realiza esta operación a primeras horas de la mañana, con luna creciente.

Coloca en una mesita cubierta con un lienzo blanco un recipiente en el que vas a depositar las hierbas secas. Si conoces el nombre de la persona que quieres atraer, escríbelo en la cinta, junto con el tuyo, y colócala al lado del recipiente.

Sitúa el agua al oeste, la vela al sur, la tierra al norte y el incienso al este, y las hierbas secas sin mezclar en varios montoncitos:

		NORTE		
		3		
OESTE	4	12	6	**ESTE**
		5		
		SUR		

1 Recipiente con las hierbas 2 Lazo 3 Tierra
4 Vela 5 Vela 6 Incienso

Ritual

Entra en un estado de relajación. Cierra los ojos e imagina que un amor va a venir a tu vida. Abre los ojos y enciende la vela, mirando fijamente la llama. Invoca al elemento fuego para que contribuya a que tu deseo se realice. Quema el incienso, aspira su aroma y deja que te invada un estado de tranquilidad y paz.

Coge con los dedos un poquito de azahar —recuerda que es la flor del naranjo y que siempre se ha usado para adornar las coronas de las novias— y échalo en el recipiente situado en el centro. Después, haz lo mismo con el cardamomo, la hierba Luisa, los petalos de rosa y la vainilla. Colócalo todo en el recipiente o cuenco y deja que se consuma la vela.

Una vez que se haya consumido, mete las hierbas en un saquito de tela y átalo con la cinta en la que habías escrito vuestros nombres. Duerme con él esa noche para que se impregne de tus vibraciones, colocándolo debajo de la almohada o entre el colchón y la sábana. A la mañana siguiente, coge entre tus manos el saquito y piensa intensamente en tu deseo. Déjalo cerca de ti hasta que este se cumpla. Cuando esto ocurra, quema el saquito y esparce las cenizas por el aire o entiérralas.

Para encontrar el amor ideal

La magia no sería tal si no pudiéramos hacer algún ritual para conseguir el amor de la persona amada. El siguiente ritual hay que realizarlo en primavera; un martes o un viernes con la luna en fase de cuarto creciente. Necesitas lo siguiente:

- Una habitación tranquila.
- Una vela de color rojo, si quieres conseguir un amor apasionado. Para conseguir un amor más sereno, una vela de color rosa.
- Azahar seco.
- Pétalos de rosa.
- Una fotografía tuya.
- Un papel (a ser posible de pergamino).
- Una pluma (no puedes utilizar bolígrafo ni lápiz).

Hierve el azahar y la mitad de los pétalos durante unos minutos (nunca más de diez). Deja reposar la cocción. Cuando se enfríe, enciende la vela (siempre con cerillas) y coloca tu fotografía a su lado. Ahora debes desnudarte y aplicarte por todo el cuerpo unas gotas de la cocción. Es importante que mientras hagas esta operación pienses que estás preparando tu cuerpo para el amor. A continuación, pronuncia estas palabras:

«Esa persona que ahora busco me está buscando a mí».

Cierra los ojos e imagina que ya no estás solo; que has encontrado a una persona que se complementa perfectamente contigo; que ese amor no te va a producir miedo, angustia ni dolor. Esa persona es la que el cosmos o Dios, desde el principio de los tiempos, te ha destinado. Es la simbiosis perfecta. Fúndete con ella en un abrazo.

Arroja el resto de la cocción por los rincones de la habitación en la que has realizado el ritual. Al hacerlo, imagina que estás preparando esa habitación para la persona amada que va a irrumpir en tu vida. Siéntate y escribe con la pluma las palabras que has pronunciado anteriormente:

«Esa persona que ahora busco me está buscando a mí».

Escríbelo lentamente y cúbrelo con los pétalos que habías reservado. Mételo en una cajita con tu fotografía. El amor vendrá a tu vida muy pronto. Si ya conoces a la persona, aprovecha el efecto de la telepatía. Durante la realización del ritual debes pensar intensamente en esa persona y repetir su nombre en voz alta una y otra vez. Que tengas mucha suerte.

Para conseguir el amor verdadero

Este ritual debe realizarse en primavera. Para ello necesitas:

— Tres rosas: una de color rosa, que simboliza el amor puro, otra de color amarillo, que simboliza la ausencia de celos, y otra de color rojo para avivar la pasión.
— Tres velas de color rosa, amarillo y rojo.
— Un papel.
— Una pluma.
— Un florero con agua.
— Una cajita.

Coloca las velas formando un triángulo: la de color rosa en el vértice superior y las de color amarillo y rojo en los vértices inferiores. Escribe el nombre de la persona amada, si la conoces. Si no es así, escribe la palabra «amor». Recuerda que tienes que escribir con pluma, nunca con lápiz o bolígrafo.

Enciende la vela rosa y pronuncia estas palabras:

«Que la llama de esta vela despierte
en mí y en la persona que amo
sentimientos de amor verdadero».

Cierra los ojos e imagina a esta persona junto a ti, ofreciéndote cariño, ternura, comprensión... Abre los ojos y enciende la vela de color amarillo, diciendo:

«Que la llama de esta vela ausente de mí
y de la persona que amo los celos».

Cierra los ojos e imagina una relación tranquila y sin alteraciones. Abre los ojos y enciende la vela de color rojo, diciendo:

«Que la llama de esta vela despierte en mí
y en la persona que amo la pasión».

Coge la rosa de color rosa, aspira su aroma, mírala y dirígete a ella, diciéndole:

«A ti, rosa, te confío mis necesidades de encontrar
el amor verdadero. Haz que venga a mí».

Aspira de nuevo su aroma y deposítala en el florero. A continuación, coge la rosa de color amarillo y pronuncia estas palabras:

«A ti, rosa, te confío mis miedos de perder
a la persona que amo. No dejes que se despierten
los celos».

Por último, coge la rosa de color rojo y di:

«A ti, rosa, te pido que despiertes la pasión y la atracción física».

Cuando las rosas estén secas, guarda los pétalos en la cajita hasta que se cumpla tu deseo.

Para olvidar un amor

Realiza este ritual a la hora del crepúsculo, con la luna menguante. Necesitas lo siguiente:

— Una vela blanca.
— Una copa con agua y sal.
— Incienso.
— Un platito con tierra.
— Una cinta estrecha de color violeta.
— Hierbas secas: tres granos de pimienta negra, menta, tomillo, anís estrellado, azucena (optativo), jacinto (optativo).

Coloca en una mesita la vela blanca, el agua, la tierra, el incienso y el recipiente, en el que pondrás las hierbas en el orden que anteriormente he descrito.

Enciende la vela. Quema el incienso y aspira profundamente su aroma hasta entrar en un estado de relajación y paz. Cierra los ojos y visualiza a la persona que quieres olvidar junto a ti, en un camino que se bifurca. Mírala y dile que vas a caminar tú solo por el camino de la izquierda. Imagina que la persona a la que quieres olvidar toma el camino de la derecha. Siente el dolor de la separación sin oponerte a él. Si las lágrimas pugnan por salir, no te contengas: libera tus emociones.

Visualiza a la persona alejándose y perdiéndose por la lejanía e inicia tú el recorrido. Es duro, triste, atemorizante... Sin embargo, a lo lejos del camino aparece una persona. Viste colores claros y tiene una expresión serena y sonriente. Acércate a ella; sentirás protección y paz.

Abre lentamente los ojos, pero sigue conservando la experiencia que acabas de vivir. Coloca las hierbas aromáticas en el cuenco y déjalas allí hasta que se consuma la vela.

Una vez consumida la vela, mete las hierbas en el saquito y átalo con la cinta color violeta. Duerme con él esa noche para que se impregne de tus vibraciones y colócalo debajo de tu almohada o entre la sábana y el colchón. A la mañana siguiente, coge el saquito entre tus manos y piensa intensamente en tu deseo. Déjalo cerca de ti hasta que se cumpla. Cuando esto ocurra, quema el saquito con las hierbas y esparce las cenizas en el aire o entiérralas.

Para conseguir dinero

Necesitas lo siguiente:

- Sal gorda.
- Dos platos.
- Un billete de curso legal.
- Laurel.

— Un limón.
— Azúcar morena o miel.

Pon en un plato la sal gorda, haciendo una cruz. Colócalo debajo de tu cama, en el lado donde tú duermes. En otro plato, coloca un billete de curso legal y cúbrelo con tres hojas de laurel.

Parte el limón en dos trozos y rocíalos con miel o azúcar. El limón simboliza la acidez de tu vida hasta ese momento. Cuando estés rociándolo con el azúcar, imagina cómo cambia tu vida. Deja el limón durante tres días en la habitación donde duermas. Cuando transcurran los tres días, entiérralo.

El plato con la sal gorda debe permanecer debajo de tu cama hasta que el dinero venga a ti. El plato donde tienes colocado el billete de curso legal cubierto con laurel debes envolverlo en un trapo blanco y dejarlo así hasta obtener el dinero que necesites.

9
Talismanes y amuletos

La práctica talismánica es antiquísima. Su origen se pierde en la noche de los tiempos. En la India, Caldea, Asiria y Egipto tuvo gran preponderancia. Según una antigua creencia, los monstruos y animales gigantescos colocados en las puertas de los templos eran figuras talismánicas, las cuales poseían el poder misterioso de guardar los tesoros encerrados y de ahuyentar a los fantasmas, malhechores y malos espíritus.

Hay objetos a los que, a lo largo de los tiempos, se les han atribuido connotaciones mágicas: la pata de conejo —buena suerte—, los crucifijos o cruces colgados al cuello —protección—, una piedra engarzada en oro o plata —atracción de buenas vibraciones—, una herradura colgada en la puerta con los extremos hacia arriba —fortuna en el hogar—, las imágenes de santos, un trébol de cuatro hojas —fama, salud, amor y prosperidad—, etc.

Para liberarse de los golpes fatales del destino, todas las razas y pueblos tienen sus amuletos, cuyas formas varían según sus tradiciones y creencias. Los primitivos centroafricanos llevan suspendido en el cuello su gris-gris*; los musulmanes, una hoja, al menos, del Corán; el cristiano, su escapulario; el judío coloca en la puerta de entrada de su casa un sagrado *seal*, llamado *mezuzah*, que lo protege; en Italia está muy extendida la creencia de que la herradura protege contra la «mala sombra» que ciertas personas comunican a otras...

Tipos

Los talismanes se realizan en metal, marfil o pergamino, recortados en diferentes formas, aunque la más usual es la pantacular. En estas planchitas se graban o dibujan diferentes figuras simbólicas, símbolos cabalísticos o caracteres mágicos. El operador deberá estar solo y su pensamiento siempre fijo en la obra. El cielo debe estar sereno, sin nubes que empañen su diafanidad. Si no concurren estas circunstancias, hay que dejarlo para mejor ocasión.

Existen varios tipos de talismanes. Uno de los más sencillos es el *seal***. Sirven para todo tipo de situaciones: buena suerte, protección, poder, prosperidad... Puedes realizarlos tú mismo, bien recortando la ilustración del libro, o bien copiándola —siempre con tinta roja— en un papel y recortándola luego.

Una vez que lo tengas, debes consagrarlo para que sea mágico. Si el *seal* es para tu uso personal, escribe tu nombre y tu fecha de naci-

---

* Véase el capítulo X, «Magia vudú».

** Sello.

miento en el reverso. Si es para otra persona, su nombre y fecha de nacimiento (si desconoces este último dato, intenta averiguar su signo zodiacal). Si el *seal* es para unir a dos o más personas, escribe sus nombres y fechas de nacimiento. Debajo de estos datos, escribe brevemente tu deseo.

Colócalo entre tus manos, júntalas como si fueras a rezar y llévalas hacia tu pecho (los pulgares deben estar en contacto con tu cuerpo), mientras repites tres veces, con mucha devoción, estas palabras:

«A ti, Padre**, me dirijo con humildad y amor
para que derrames tu luz divina e infundas el poder
y la fuerza del Universo en este sello, y mi deseo
—pronuncia tu deseo— ***se haga realidad. Amén».***

Una vez consagrado el *seal*, no dejes que nadie lo toque. Puedes guardarlo en casa. Te recomiendo que lo coloques cerca de una ventana —debajo de un pisapapeles, por ejemplo— para que los rayos de sol le infundan fuerza y poder cósmico.

Solo puedes llevar contigo el *seal* si el deseo es para ti mismo. En ese caso, puedes guardarlo en una bolsita de franela o de cuero (esta última es la más apropiada). Solamente es recomendable llevarlo en contacto con la piel si el objetivo es muy difícil y complicado, y han fallado ya otros intentos. En ese caso, enrolla el sello —con el deseo hacia adentro—, átalo con un cordón y cuélgatelo al cuello.

---

* Puedes invocar también a Jesús, a Buda, al cosmos o a cualquier santo de su devoción. La invocación es siempre personal.

Sea cual fuere el lugar donde coloques el *seal*, lo que debes recordar es que solo conseguirás el éxito si tus pensamientos y emociones van dirigidos a conseguir el objetivo. Por tanto, cógelo entre tus manos tantas veces como te sea posible, impregnándolo de tus vibraciones. Cuando realices esta operación, siempre debes estar solo y tranquilo, para que nada ni nadie interfiera en tu concentración. Aquieta tu mente y desecha pensamientos y emociones negativos (odio, envidia, celos...) que solo conseguirán impedir que aflore en ti esa fuerza interior necesaria para la consecución de tu objetivo. Concéntrate en tu deseo con toda la fuerza interior que posees y no permitas que la duda aflore ni un solo instante.

Con esa actitud serena, piensa en tu deseo y deja que tu luz lo envuelva. En estos momentos las palabras no son necesarias, pero, si lo deseas, puedes rezar una oración o entonar un mantra. Te asombrarán la fuerza de tus palabras y la liberación que vas a notar en el ambiente.

Usa tu *seal* varias veces al día, mientras meditas o rezas, durante siete días consecutivos. Recuerda que la fe es primordial a la hora de conseguir tu objetivo.

El *seal* solamente sirve para una sola persona y para un solo propósito. Cuando haya cumplido su misión, quémalo, colocándolo debajo de una vela, con la petición boca abajo y el dibujo boca arriba. Pronuncia tu deseo en voz alta tres veces y enciende la vela, dejando que se consuma completamente. Quema después el *seal* y entierra las cenizas (maceta, jardín...).

Es conveniente que el color de la vela sea el más apropiado para conseguir tu objetivo. Te recomiendo los siguientes colores:

- Azul: Armonía.
- Marrón: Objetivos no específicos.
- Verde: Suerte, dinero, prosperidad.
- Naranja: ·Poder mental, lucidez.
- Rosas: Amistad, atracción, éxitos.
- Púrpura: Control sobre terceros, poder, dominio.
- Rojo: Amor, matrimonio, sexo.
- Blanco: Pureza.
- Amarillo: Protección y decisiones difíciles.

También puedes colocar el *seal* debajo del incienso.* Desde tiempos bíblicos, el incienso se ha usado para atraer los buenos espíritus y ahuyentar los negativos, para purificar el hogar, para proteger granjas, etc.

Cómo realizarlos

El verdadero ocultista, iniciado en los secretos de la alta Cábala, «fabrica» sus talismanes sin sujetarse a las fórmulas descritas en los grimorios. El profano debe evitar realizar complicados talismanes, ya que se expone a un fracaso inevitable. Es necesario poner la más extremada atención en todos los detalles y concentrar tus deseos en un solo objetivo. Esto se logra operando en un aposento escasamente ilumina-

* Existen en el mercado muchas clases de incienso. Los japoneses son los más suaves, pero se trata de una elección muy personal, por lo que debes utilizar aquel cuyo aroma se identifique contigo.

do, y la hora más conveniente es por la noche, ya que es preciso evitar que algún ruido o voz del exterior turbe el silencio, que debe ser absoluto. De los distintos talismanes que conozco, voy a relacionar los más sencillos y eficaces.

Recuerda que para realizar cualquier ritual de magia debes trazar un círculo mágico y situarte en su centro.*

Talismán de amor

Un viernes, al amanecer, recorta, en forma circular, un pedazo de pergamino de cuarenta y cinco milímetros de diámetro. En el anverso de dicho talismán, realiza cuatro círculos concéntricos y escribe dentro de ellos, con tinta negra, las siguientes palabras misteriosas, separadas cada una de ellas por una cruz encarnada:

Enam + *Binah* + *Sator* + *Arepo* + *Tenet* + *Opera* + *Rotas* + *Hod* + *Kether* + *Choekmaoe* + *Tedulah* + *Teburha* + *Tipheret* + *Jesod* + *Sardach* + *Io* + *Netzha;* en el centro, con tinta roja, el nombre de *Scheva.* (Véase la figura).

En el reverso del talismán traza un círculo y escribe alrededor de él los nombres cabalísticos de Venus, que son los siguientes:

Ahéa, Haghiel, Kedemel, Seraphim, Bne, separados por los signos mágicos correspondientes.

* Véase capítulo VI, «Magia ceremonial».

ANVERSO

Figura 1.ª

REVERSO

Figura 2.ª

En la mitad del círculo, traza dos líneas paralelas procurando que quede entre ellas un espacio para escribir el nombre de la persona amada. En los segmentos superior e inferior dibujarás los signos que le corresponden, con tinta roja los de la parte superior y con negra los de la inferior. (Véase la figura).

Guárdalo en un saquito de seda de color *verde* hasta el momento de usarlo. Un viernes, con la luna en fase creciente, saca el talismán del saquito y escribe, en el lugar que te he indicado anteriormente, el nombre de la persona amada. Mientras realizas esta operación, concéntrate intensamente en la persona que amas, y con un acto de voluntad firme pronuncia en voz baja las siguientes palabras:

«Scheva: haz que me ame».

Mantén el talismán cerca de ti para que se impregne de tus vibraciones.

TALISMÁN DE TRIUNFO Y SUERTE

El siguiente talismán proporciona una influencia poderosa para triunfar en todas las empresas y obtener suerte en los negocios. Debes realizarlo un viernes, al amanecer.

En un pedazo de pergamino, traza, con tinta negra, la figura de la página siguiente.

Sustituye las N. N. N. por tu nombre y apellidos y mételo en un saquito de seda de color verde, que previamente has confeccionado. Cuélgatelo en el cuello (dejando que se pose sobre tu pecho) y adop-

ta una actitud positiva ante los demás: sé caritativo, bondadoso, comprensivo... De esta manera el talismán no perderá nunca su poder. Recuerda que el alma del mago debe ser pura. De no ser así, los efectos de los talismanes serían nulos.

ARMONÍA EN LA PAREJA

Dibuja, en un pedazo de pergamino cortado en forma circular, la figura primera en la cara anterior y la figura segunda en la posterior.

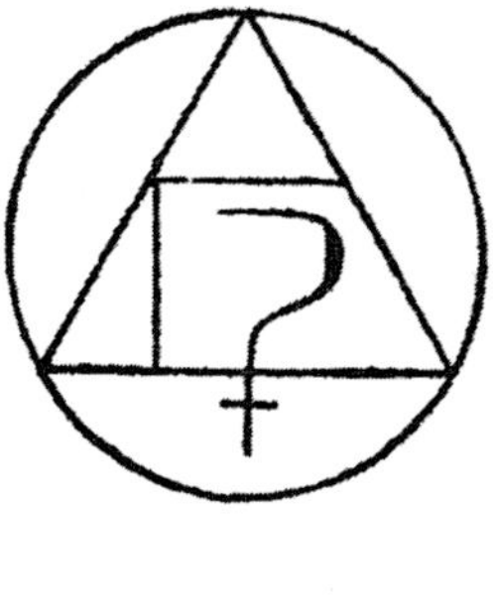

En la figura segunda, sustituye las dos N. N. superiores por el nombre y apellido del operador; y las dos N. N. inferiores por el nombre y apellido de su pareja. Coloca el pergamino debajo de una vela de color rosa y enciéndela, mientras oras pidiéndole a Dios que la felicidad reine en tu hogar. Cuando la vela se consuma, guarda el talismán en una cajita y déjala en tu habitación.

10

Magia vudú: Su verdadera realidad

La palabra vudú siempre me ha puesto en estado de alerta y temor. La asociaba a muñecos llenos de alfileres, portadores de desgracias e infelicidad. Hollywood se encargó de transmitirnos, a través de sus películas, una visión aterradora de la magia vudú, que ha quedado marcada en nuestro subconsciente.

En 1994 decidí conocer por mí misma esta magia tan temida y odiada, y emprendí viaje a Nueva Orleans. La primera tienda que visité de «utensilios de magia vudú», situada en pleno corazón de French Quarter, me hizo sentir tan mal y percibí unas vibraciones tan negativas que comencé a arrepentirme de mi decisión.

En el viaje me acompañaban unos amigos y les pedí que fueran a la tienda, sin explicarles lo que me había sucedido. Mi amigo, un Libra maravillosamente equilibrado y ligeramente escéptico, no fue capaz de traspasar el umbral de la puerta; la Sagitario que le acompañaba, más aventurera, entró, miró, tocó algunos objetos, y durante todo el día sufrió fuertes dolores de cabeza y mareos, que no cesaron hasta que la «obligué» a echarse agua bendita por distintas zonas del cuerpo y a rezar una oración.

Por supuesto que se nos quitaron las ganas de ir a Baton Rouge y decidimos olvidarnos de la magia vudú y vivir la «otra magia» que se respira en las calles del French Quarter. Sin embargo, el destino puso en nuestro camino a una mujer muy especial, Margareth, oriunda de Nueva Orleans y practicante del vudú. Cruzamos nuestras miradas y supe enseguida que algo nos iba a unir. Se trataba de una de esas sincronías de la vida que hace que aparezca la persona adecuada en el momento oportuno para aportarte conocimiento e información. Recordé las palabras:

«El maestro aparece cuando el alumno está preparado».

Accedí a un mundo apasionante y mágico. Aprendí a realizar los saquitos gris-gris, a conocer los objetos ju-ju's (de ahí la expresión ju-ju cuando queremos expresar que algo nos produce temor y rechazo); me adentré en templos espirituales donde se mezclaban las imágenes de san Antonio, santa Rita, Jesucristo, santa Bárbara con sus loas y símbolos mágicos... Comprendí que esta magia tan temida puede utilizarse, como toda magia, para hacer el bien o el mal, siendo el ser humano el que elige el camino constructivo o destructivo. En este sentido, es ley universal que, tarde o temprano, todas las acciones repercuten en uno mismo. Por eso no debemos caer en la tentación de hacer daño*,

* Rechazo frontalmente el sacrificio de animales y la utilización de la sangre para realizar escritos sobre pergaminos y otros usos. A pesar de conocer este tipo de prácticas, siento hacia ellas una gran animadversión, y nunca los he incorporado a mis rituales. Si alguien quiere hacerlos, es su elección, pero en este libro aparto conscientemente todo aquello que desapruebo.

ya que nuestro futuro se vería hipotecado por las consecuencias y marcado por el temor y la infelicidad.

Sus amuletos y talismanes

Las muñecas de trapo se han utilizado en magia como un vehículo psíquico entre la persona y el encantamiento. Pero, dadas la connotaciones negativas que subyacen en el inconsciente de Europa, no voy a tratarlas aquí. A cambio, os hablaré de los saquitos *gris-gris,* que son los más utilizados como amuletos, y de los talismanes que se realizan en papel de pergamino, madera o metal.

Cómo realizarlos

Los talismanes de vudú se realizan dibujando un símbolo determinado —dependiendo de lo que se quiera conseguir— en madera, oro o plata y en papel de pergamino. Se llevan dentro de una bolsita de franela roja, atada con un cordón negro. Tradicionalmente, los hombres lo llevan en el bolsillo derecho y las mujeres en el izquierdo. Si el talismán es para conseguir el amor, debe colgarse en el cuello y dejar que descanse en el pecho.

PARA ATRAER EL AMOR

En un papel de pergamino —de 10 × 0,14 centímetros— realizar el dibujo de la página siguiente.

Mientras lo dibujas (con tinta de color rojo o con pintura en polvo del mismo color), piensa en la persona que quieres que aparezca en tu vida. Imagina, al trazar las cruces, que estás uniendo su destino al tuyo, su vida a la tuya, su cuerpo al tuyo... Es muy importante que toda tu energía se concentre en un único objetivo: conseguir que esa persona comparta tu vida.

Una vez realizado el dibujo, enrolla el papel y átalo con un trocito de cinta de color negro. A continuación, guárdalo en el saquito rojo de franela y átalo con una cinta o cordón de color negro. Sosténlo en tus manos para que se impregne de tus vibraciones y concéntrate nuevamente en tu deseo.

Llévala contigo hasta que tu deseo se cumpla. Cuando esto ocurra, quémalo y entierra las cenizas, dando gracias a ERZULLE por su ayuda.

PARA CONSEGUIR EL DOMINIO SEXUAL Y EMOCIONAL DEL HOMBRE

Este ritual solo pueden realizarlo las mujeres, siguiendo los pasos dados anteriormente. Haz el siguiente dibujo en un papel de pergamino.

Cuando marques el punto en el centro del cuadro, imagina que estás dominando al hombre y pronuncia estas palabras:

«Te domino para que pienses en mí,
para que me desees, para que me ames,
para que mi imagen esté siempre contigo,
para darte mi fuerza y ayudarte,
para apoyarte cuando te encuentres indeciso,
para darte luz cuando estés en las tinieblas».

Llévala contigo y colócalo cerca de tu cuerpo (el sitio ideal es cerca del corazón).

Cuando consigas tu deseo, da gracias al loa EZILI, y no lo quemes, que siempre lo vas a necesitar.

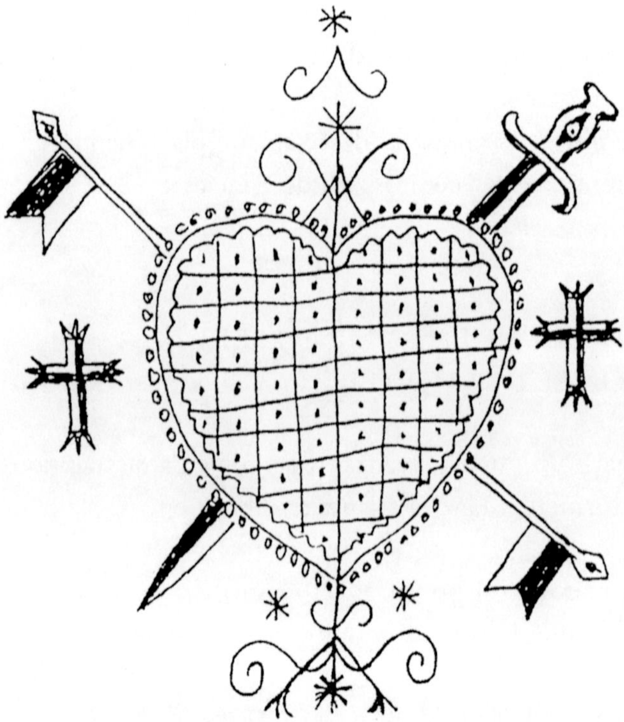

PARA AVIVAR EL AMOR

La operación que a continuación voy a explicar debes realizarla minutos antes de encontrarte con tu amor.

Echa unas gotas de anís en una infusión de té y mastica nueve granos de anís durante nueve veces. Mientras los estás masticando, bébete el té a pequeños sorbos.

PARA SOÑAR CON LA PERSONA AMADA

Antes de acostarte, prepara una infusión de hierbas, a la que debes añadir cinco granos de anís. Báñate y echa en el agua una cucharada de licor de anís. A continuación, coloca en la mesilla o debajo de la almohada cinco granos de anís. Aspira su aroma y piensa en la persona amada. Soñarás con ella.

PARA SUPERAR LA PÉRDIDA DE UN AMOR O ROMPER UNA RELACIÓN AMOROSA

Realiza en un papel de pergamino el dibujo de la página siguiente.

Dibuja en último lugar, muy lentamente, la espada. Cuando la punta de esta se una al corazón, pronuncia estas palabras:

«Mi corazón lo cuido y lo protejo, y no permitiré que nada lo destruya».

A continuación dibuja los siete puntos dentro de la hoja de la espada y pronuncia estas palabras:

En el primero: **«El lunes, la Luna suavizará mi dolor».**

En el segundo: **«El martes, Marte me dará fuerza y seguridad».**

En el tercero: **«El miércoles, Mercurio me hará ver la realidad y potenciará mi mente».**

En el cuarto:	**«El jueves, Júpiter me dará sorpresas y alegrías y podré volver a sonreír».**
En el quinto:	**«El viernes, Venus me hará seductor y notaré cómo mi presencia despierta admiración».**
En el sexto:	**«El sábado, Saturno hará justicia y me hará ver que la vida me ofrecerá nuevas oportunidades».**
En el séptimo:	**«El domingo, el Sol hará que se ilumine mi vida».**

Llévala contigo, cerca del corazón.

PARA ENCONTRAR UN NUEVO AMOR Y AUMENTAR LA POTENCIA SEXUAL

Mientras dibujas los puntitos dentro del corazón, di en voz alta cómo te gustaría que fuera tu amor (sus cualidades, su físico...).

CÓMO CONSEGUIR UNA PROPOSICIÓN MATRIMONIAL

En un papel, escribe tu deseo en una de las caras y, en la otra, escribe tu nombre y el de la persona con la que te quieres casar. Colócalo al lado de una vela de color blanco. Tres veces al día, reza una oración situándote enfrente del papel.

PARA ACENTUAR LA SENSUALIDAD

Realiza el siguiente dibujo en un papel de pergamino:

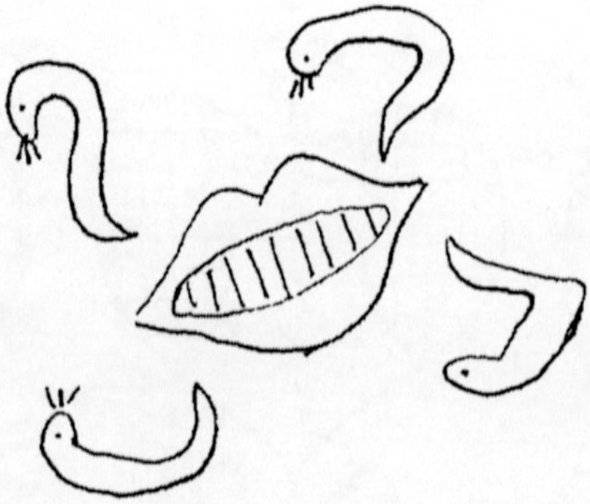

Llévalo encima cuando vayas a encontrarte con la persona deseada.

PARA AUMENTAR LA POTENCIA SEXUAL MASCULINA

Realiza el siguiente dibujo en un papel de pergamino:

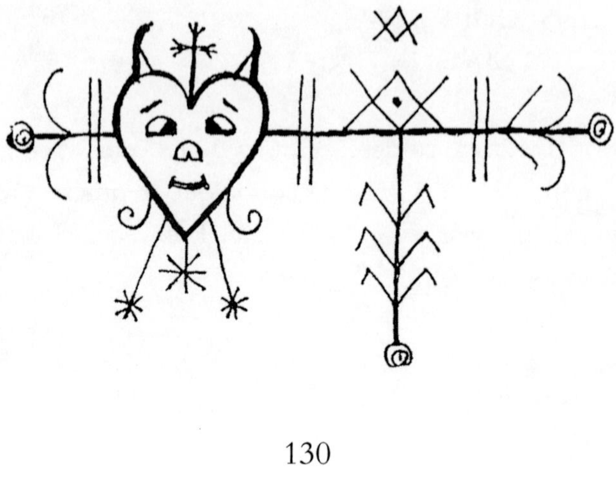

Llévalo en el bolsillo y, cuando hagáis el amor, colócalo debajo de la cama.

PARA TENER SUERTE EN LOS NEGOCIOS

Coloca en cuatro esquinas del lugar donde tengas el negocio o donde trabajes la mezcla de una cucharada de pintura en polvo y otra de limaduras de acero.

Cada viernes, friega el suelo con una mezcla de agua, una cucharada de ron y nueve cucharadas de azúcar morena. Si el suelo no se puede mojar, echa parte de esa mezcla por los rincones del local. Recuerda que solo debes hacer esto los viernes. Al día siguiente, quema incienso en cada habitación del local o de la casa.

SUERTE EN LOS NEGOCIOS

Este ritual se usaba en las casas de citas de Lusiana para atraer a los clientes.

Hierve agua y échala en un cubo. Añádele una taza de amoníaco, una taza de azúcar, cuatro cucharadas de canela y cuatro de nuez moscada en polvo. Remúevelo todo y, a continuación, añádele un vaso de un güisqui de buena calidad.

Coge una taza con ese líquido y échalo por los rincones del local o de la oficina, mientras rezas una oración. A continuación, pasa por todo el suelo una mopa o fregona impregnada con esa mezcla, empezando por el lugar más alejado de la puerta de salida y terminando por esta. No se debe pisar durante noventa minutos.

PARA CONSEGUIR EL PODER

Políticos y empresarios que vienen a mi consulta se muestran muy interesados en conocer si van a seguir siendo «todopoderosos», y cómo conservar ese poder. Mi amiga Margareth me dio la siguiente fórmula, de la que he podido constatar su eficacia. Debes realizar esta operación con luna creciente o llena y a la hora del crepúsculo. Necesitas lo siguiente:

— Dos alfileres (uno con la cabeza de color verde y otro con la cabeza de color blanco).
— 30 centímetros de cordón de color verde.
— Una vela de color blanco o verde.
— Un papel de pergamino.
— Incienso.
— Un plato con granos de arroz, trigo o monedas.
— Sal gorda.
— Una caja.

Escribe tu nombre en el papel nueve veces y, a continuación, haz este dibujo.

Coloca el papel con el dibujo hacia abajo. Enrolla el cordón en el centro de la vela y sujeta el cabo último con los dos alfileres. Sitúa la vela encima del papel. A los lados de esta, coloca el plato con el contenido que hayas elegido (monedas, trigo o arroz) y el incienso. Traza un círculo alrededor de todos estos elementos —vela, incienso y plato— con sal gorda y en la dirección de las agujas del reloj.

Enciende el incienso, aspira su aroma, cierra los ojos y entra en un estado de relajación. A continuación, enciende la vela (siempre con cerillas). Mira fijamente la llama e imagínate a ti como te gustaría ser. Con fuerza, poder y autoridad, pronuncia las siguientes palabras nueve veces:

«Yo soy poderoso.
Yo siempre venceré.
Yo me arriesgaré y triunfaré».

Siente intensamente la fuerza de tus palabras.

Cuando la llama de la vela llegue a la cuerda y la queme se caerán los alfileres. Piensa, entonces, que, al caerse estos, desaparecen todos los obstáculos que se puedan interponer en tu camino para conseguir el éxito.

Deja que la vela se consuma. Guarda en la caja el contenido del plato, los dos alfileres y el papel. Sopla la ceniza del incienso para que se la lleve el viento. Disuelve la sal gorda en agua y entiérrala.

No comentes a nadie la operación que has realizado.

PARA CONSEGUIR QUE NO FALTE EL DINERO EN EL HOGAR

Disuelve en agua una cucharada de azúcar morena y otra de canela. Añade esta mezcla a un cubo lleno de agua y echa un chorrito de amoníaco. Limpia las manivelas de las puertas y de las ventanas con esta agua y a continuación friega los suelos de la casa, comenzando por la habitación más alejada a la puerta de entrada de la casa y terminando por la entrada. Arroja el agua restante al W.C.

PROTECCIÓN CONTRA MALEFICIOS

Haz el siguiente dibujo en un papel de pergamino.

Haz un círculo con una mezcla de sal y pimienta alrededor del dibujo, y deja que permanezca así durante tres días.

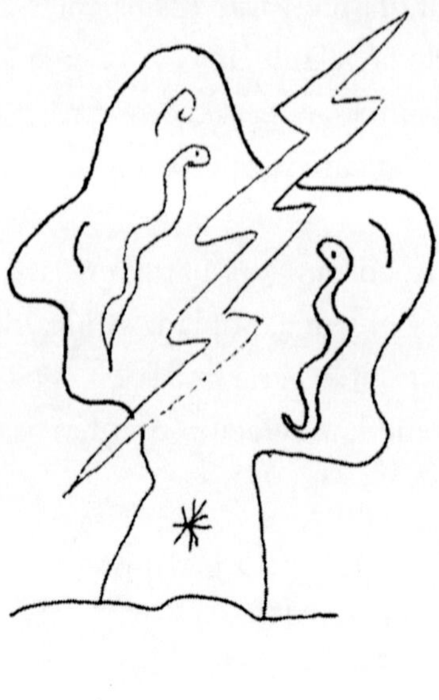

PARA ALEJAR LA MALA SUERTE

Haz el siguiente dibujo, utilizando la tinta de tu color favorito:

Llévala siempre contigo para que la suerte vuelva a tu lado.

PARA GANAR EN JUEGOS DE AZAR

Realiza el siguiente dibujo en un papel de pergamino:

Lleva contigo ese dibujo cuando vayas a jugar (casinos, bingos...). También puedes colocarlo cerca de los boletos o billetes de lotería.

PROTECCIÓN CONTRA ACCIDENTES

Realiza este dibujo en un papel de pergamino.

Llévalo en los viajes y colócalo en el coche.

PARA OBTENER JUICIOS FAVORABLES

Realiza el siguiente dibujo en un papel de pergamino:

Colócalo cerca de ti la noche anterior al juicio.

PARA PROTEGER LA SALUD

Anúdate, alrededor de la muñeca izquierda, un cordón rojo y haz tres, siete o nueve nudos. Manténlo así hasta que se rompa.

PARA AISLAR AL ENEMIGO

Necesitas una cajita pintada de color negro. Mezcla sal y pimienta y dibuja con esta mezcla una cruz encima de la cajita. Coloca esta cerca de la puerta de la casa donde viva tu enemigo una noche con luna llena. En nueve días dejará de molestarte.

PARA DESHACER UN HECHIZO

Coge unas setas y deja secar solo la parte superior. Cuando estén secas, humedécelas con güisqui y pásatelas por el cuerpo.

PARA PERDER PESO

Realiza el siguiente dibujo en un papel de pergamino:

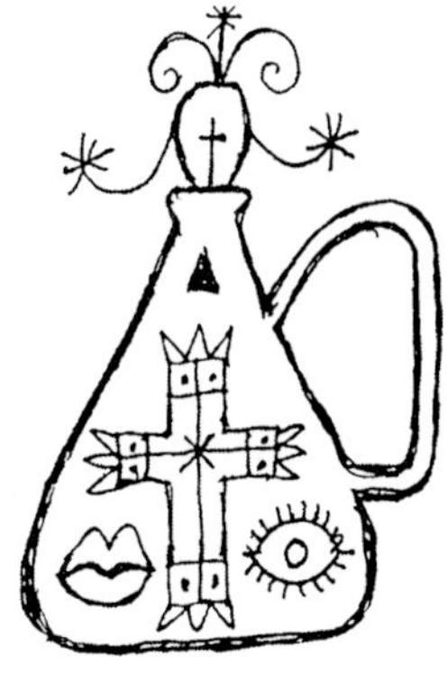

Cuando inicies un régimen, visualiza este dibujo varias veces al día y llévalo siempre contigo.

11
La pareja interior

Fusión de las energías masculina y femenina: yin-yang

Recientemente, los términos yin y yang han adquirido mucha popularidad en Occidente, pero rara vez se utilizan con el sentido que se les da en Oriente.

Los chinos han atribuido la fuente de la fuerza vital al juego balanceado y constante de los aspectos positivos y negativos de la energía, lo que ellos llaman el yin y el yang representados por el símbolo chino Tai chi:

Este círculo se usa como símbolo del origen de la vida. Las dos partes del Tai chi se equilibran perfectamente una a otra. Mantener la armonía y el orden en el universo y en el propio cuerpo es conservar constantemente el yin y el yang en un delicado equilibrio; cuando de alguna manera se perturba el balance de este juego recíproco se produce la disonancia y el caos. Polo positivo y negativo no ha de ser tomado como habitualmente lo interpretamos —lo bueno y lo malo—. Tanto las fuerzas positivas como las negativas tienen sus aspectos buenos y sus aspectos malos. El yin y el yang existen uno junto al otro y se alternan mutuamente; no existen por sí solos, cada uno tiene algo del otro.

El yin corresponde a todo lo que en Occidente entendemos por femenino: lo sensible, lo intuitivo, lo conservador, lo emotivo...; el yang, en cambio, abarca lo que entendemos por masculino: lo racional, lo agresivo, lo expansivo, lo dominante...

La cultura patriarcal establece una rígida separación entre lo masculino y lo femenino, exigiendo que el hombre solo desarrolle y manifieste sus cualidades masculinas y la mujer las femeninas.

En los países más evolucionados, la mujer ya no adopta la actitud pasiva de amar a un hombre, servirlo y admirarlo, renunciando a sí misma. Ahora busca su afirmación e independencia y necesita ensanchar el horizonte de sus inquietudes. Sin embargo, no por ello está dispuesta a renunciar a su femineidad. Ha incorporado su parte masculina, racional y agresiva, con la femenina, intuitiva y sensible. El resultado es una armonía interior que se manifiesta en una saludable independencia: no necesita al hombre de la misma manera que lo necesitaba en el pasado.

Al hombre le cuesta más incorporar su parte femenina —el mundo de las emociones, la sensibilidad—. Le asusta y teme parecer un ser débil y de alguna manera inferior.

El hombre no acierta a saber qué papel le exige la mujer en estos momentos. Se encuentra perdido y confuso. Al dejar de ser el conquistador que tenía que proteger al «sexo débil», anda sin rumbo fijo. Solo al incorporar su parte femenina podrá lograr encontrar su lugar junto a la mujer.

La pasividad y la actividad femeninas son una expresión de estereotipos patriarcales que en la nueva era de Acuario se están superando. Es evidente que nuestra sociedad ha favorecido el yang, prefiriendo lo racional a lo intuitivo, la ciencia a la religión, la competencia a la cooperación, lo que ha provocado un desequilibrio entre el pensamiento y el sentimiento, entre los valores y las actitudes. Esta crisis se evidencia no solo en la sociedad, sino especialmente en los seres humanos.

Durante siglos, hombres y mujeres han sido seres incompletos en búsqueda constante de la otra mitad, cuando en realidad eran seres completos y la unidad estaba en ellos mismos.

En astrología podemos ver la equivalencia del yin-yang en las luminarias, el Sol y la Luna.

En el horóscopo de una mujer, el Sol sugiere con frecuencia lo que ella espera y busca recibir del lado masculino de la vida y de los hombres. Sin embargo, si queremos evolucionar para ser seres completos, lo ideal es que cada individuo exprese tanto la faceta masculina de su carta natal como la femenina.

A la Luna se la identifica con el principio femenino. Es el símbolo de la madre, tanto a nivel personal como arquetípico. Por tanto, dependiendo de nuestra relación con la madre, vivenciaremos de una u otra manera nuestra parte femenina.

Al Sol se le identifica con el principio masculino, ya que se asocia con aquel aspecto de la vida que está referido a la voluntad de la conciencia, la decisión y la influencia sobre el medio. Es un principio activo que refleja un impulso que los hombres hacen consciente más fácilmente que las mujeres. El hombre pronto siente la necesidad de tener una identidad individual, mientras la mujer, en general, se conforma con encontrar su identidad por medio de su pareja o de su familia. El principio de autorrealización del yo es una prerrogativa hasta ahora característica de la conciencia masculina, aunque la mujer actualmente está avanzando en esta misma dirección.

Así, el Sol y la Luna configuran en una carta natal la duplicidad dentro de la unidad de lo masculino y femenino de cada individuo, y la necesaria tensión implícita entre ellos.

En general, en el horóscopo del hombre, el Sol simboliza la conciencia y la Luna el inconsciente. En el horóscopo de la mujer, en cambio, lo que simboliza la conciencia es la Luna, y lo que simboliza el inconsciente es el Sol. Naturalmente, hay excepciones.

El hombre, por educación y cultura, cultiva más su Sol, dejando su potencial Luna sin desarrollar. En el caso de la mujer ocurre lo contrario.

En este cambio de papeles, al hombre se le reaviva su temor ancestral hacia la mujer. Le atrae de forma irresistible, pero teme que le conduzca a la perdición. Recordemos cómo Ulises ordena a su tripulación que le aten al mástil para, sin privarse del «canto de las sirenas», escapar a su fascinación y peligro; el mismo motivo se repite en «La canción del pescador» de *Guillermo Tell*:

El lago sonriente invitaba a bañarse,
el niño dormía junto a la verde orilla;
Siente entonces un susurro
dulce como de flauta,
como de voces de ángeles
en el paraíso.
Y cuando él se despierta lleno de gozo
las aguas ondulan en torno a su pecho,
y una voz le dice desde lo profundo:
«¡Querido niño, eres mío!
Yo hechizo al que sueña,
yo lo arrastro al fondo».

En ambos ejemplos, es el elemento agua, que representa el elemento primigenio, lo femenino, el que se apodera del hombre, que sucumbe al encantamiento de la mujer.

Sansón, a quien nadie puede vencer, es «despojado» de su fuerza por Dalila al cortarle la cabellera. Hay un sinfín de ejemplos sobre este temor y atracción del hombre hacia la mujer. A veces, trata de liberarse de su temor objetivándolo:

«No es que le tenga miedo, es que está loca y puede arruinarme». Esta es una frase que escucho muchas veces en mi consulta. Recuerdo un hombre de 45 años, atractivo y triunfador, casado con una mujer de «buena familia» y con tres hijos adolescentes. Se «perdió», según él, en una pasión por una mujer de distinta cultura —procedía de un país iberoamericano con escasos recursos económicos— que conoció en un lugar de alterne de alto *standing* muy conocido en Madrid. Se hizo cargo de ella, corriendo con todos sus gastos. Alternaba su vida familiar, aparentemente intachable, con su pasión oculta. Sin embargo, un desequilibrio emocional, que amenazaba seriamente su salud, se estaba apoderando de él. Con la amante, se sentía embrujado y hechizado, sin poder dejar de verla. Era una atracción que le encadenaba fatalmente. Con su mujer temía aclarar la situación, ya que «sería capaz de cualquier cosa, me arruinaría la vida con tal de no perderme, me desprestigiaría en mi trabajo». Se sentía amenazado y necesitaba ver claro su futuro. Solicitó un cambio de destino en el extranjero por tres años para apartarse de las dos.

En estos casos, el hombre necesita interponer la mayor distancia posible entre él y el peligro; la huida supone apartar de su realidad, aunque solo sea temporalmente, el objeto peligroso, lo que, obviamente, no soluciona el problema. El hombre debe buscar nuevas vías y alcanzar un equilibrio afectivo, y esto solo puede conseguirlo aceptando e integrando su polaridad.

A pesar de estos modelos culturales, el hombre, a medida que envejece, se vuelve más lunar y la mujer más solar. Así, nos encontramos parejas de matrimonios mayores en las que la mujer ha adoptado el papel masculino. En cambio, el hombre se siente lleno de ternura. Por fin, cuando ya no les importan tanto los comportamientos sociales, dan paso a la otra parte de su unidad.

En la medida que el individuo va realizando su experiencia vital y su proceso de autoconocimiento, su madurez y autonomía van generando posibilidades interiores de acercarse a la relación de pareja de forma diferente. Ahora ya no espera la satisfacción de sus necesidades.

La relación de pareja satisfactoria dentro de esta nueva configuración es la que se construye basándose en un delicado equilibrio e intercambio de las necesidades de cada uno.

Así, es importante conocer nuestra pareja interna, explorar las necesidades interiores y conocer las capacidades que uno va a ofertar. Jung llamó a estas dos partes polares el *ánimus-ánima*. La integración armoniosa de estos dos principios es lo que describe la alquimia como el matrimonio sagrado. El ser humano necesita que haya relación entre estos dos polos.

Cada uno de nosotros somos a la vez príncipes y princesas, y el «vivieron felices» es el mito de ese matrimonio interno. El matrimonio sagrado es uno de los símbolos imperecederos de nivel más profundo de la psique humana. Constituye, a la vez, el término y el inicio de la búsqueda porque este matrimonio da nacimiento a la vida nueva, a la conciencia de Acuario.

Visualización

Inspira profundamente e imagina que te encuentras en una hermosa pradera. Recréate en la contemplación del verde intenso y déjate acariciar por el cálido sol. Imagina que a tu izquierda hay un bosque. Adéntrate en sus senderos mientras gozas del paisaje y te dejas envolver por la energía que desprenden sus árboles, por los colores de sus hojas, por los rayos de sol, por el bello canto de los pajarillos... Siente cómo una ligera brisa acaricia tu rostro.

Caminando te acercas a un riachuelo. Te atrae el ruido del agua fresca fluyendo . Un pequeño puente atraviesa el sendero y por él viene caminando hacia ti una figura humana. Fíjate bien en ella (su cuerpo, su altura...). En este instante se sitúa enfrente de ti; contempla ahora su rostro, sus rasgos. Habla con ella; pregúntale su nombre, su profesión... Ya os conocéis. De ahora en adelante os iréis conociendo mejor, compartiréis vuestros sueños, anhelos... Fundíos en un abrazo intenso. Tu yo observa desde fuera y contempla estas dos figuras en estrecha comunión. Acércate y fúndete con ellos en un abrazo.

Tu matrimonio ya es sagrado. Caminad lentamente por el bosque hasta salir de él. Te sientes pleno, feliz, relajado... Inspira profundamente, comienza a mover lentamente todo tu cuerpo. Abre los ojos, toma contacto con la realidad y conserva las sensaciones percibidas.

— ***Animus:*** El hombre interior.
— ***Ánima:*** La mujer interior.

Animus y ánima son dos conceptos de una misma realidad, que debemos al psicoanalista Carl Jung.

Ánima es una personificación de todas las tendencias psicológicas femeninas en la psique del hombre, tales como vagos sentimientos y estados de humor, sospechas proféticas, captación de lo irracional, capacidad para el amor personal, sensibilidad para la naturaleza y relaciones con el inconsciente.

No es casualidad que en los tiempos antiguos se emplearan sacerdotisas, como la Sibila griega, para interpretar la voluntad divina y para establecer la comunicación con los dioses.

Un ejemplo especialmente claro de cómo el ánima se experimenta como una figura interior en la psique del hombre se halla en los chamanes, entre los esquimales y en otras tribus árticas. Algunos de ellos incluso llevan pintados en sus vestimentas pechos femeninos con el fin de manifestar su lado interno femenino, el lado que les capacita para ponerse en relación con el inconsciente.

El carácter del ánima de un hombre, por regla general, adopta la forma de la madre. Si su madre tuvo una influencia negativa sobre él, su ánima se expresará con frecuencia de modo irritable, con inseguridad e incertidumbre. Pero el ánima también puede manifestarse de forma positiva, ayudándole al hombre a encontrar la pareja adecuada y a penetrar en su inconsciente.

En la Edad Media se personificaba todo lo positivo del ánima en la Virgen María y todo lo negativo en las brujas, equilibrando así la polaridad. En China, la figura del ánima más popular es la «Señora de la Luna» que otorga el don poético o musical a sus favoritos, e incluso puede concederles la inmortalidad. Entre los musulmanes, está representada por Fátima, la hija de Mahoma.

Animus es una personificación masculina en el inconsciente de la mujer. Muestra aspectos positivos y negativos, como le ocurre al ánima en el hombre.

Del mismo modo que el carácter del ánima de un hombre está moldeado por su madre, el animus está básicamente influido por el padre de la mujer. Así, una clienta mía, que se mostraba constantemente fría e inaccesible ante los hombres, estaba muy marcada por el imago del padre, una persona de carácter autoritario y dominante que al nacer ella la rechazó porque deseaba un varón. Mantuvo relaciones con varios hombres, pero no encontró el equilibrio hasta conocer a un Capricornio que supo integrar en ella los elementos positivos de su animus.

De los aspectos positivos que posee el ánimus los más importantes son la actividad creadora, la iniciativa, la objetividad y la sabiduría espiritual.

Conclusión

Al realizar alguno de estos rituales, quizá puedas descubrir ese poder ilimitado que se encuentra dentro de ti. No obstante, nuestros más íntimos deseos no siempre coinciden con el karma que tenemos que liberar, e incluso a veces suponen un freno en nuestra evolución personal.

En la vida todos tenemos que afrontar distintas experiencias. No valoraríamos el encuentro si no supiéramos lo que duele una pérdida. Pero nada es permanente, ni la alegría ni la tristeza, ni el dolor ni la dicha.

Cuando decaigan tus ilusiones y el fantasma de la depresión te envuelva, no grites pidiendo ayuda ni intentes huir, aquieta tu mente y mira hacia dentro: contactarás con lo que tú realmente eres.